이재명 정부의 성공과
서울의 대전환을 위해
함께 갑시다!

박 홍 근

이재명정부 설계자 박홍근

서울을 그리다

이재명정부 설계자 **박홍근**

서울을 그리다

1판 1쇄 발행 | 2026. 1. 10

발행처 | **Human & Books**
발행인 | 하응백
출판등록 | 2002년 6월 5일 제2002-113호
서울특별시 종로구 삼일대로 457 1409호(경운동, 수운회관)
전화 | 02-6327-3535~6, 팩스 | 02-6327-5353
이메일 | hbooks@empas.com

ISBN 978-89-6078-823-7

이재명정부 설계자 박홍근

서울을 그리다

Human & Books

차례

1

박홍근을 말하다

라이프스토리

햇살처럼 따스하게 반석처럼 단단하게

1. 남도의 '햇살'

남도의 햇살을 아시는가? 김 말리는 '건장'으로 쏟아져 내리는 겨울 햇볕을 쬔 적이 있으신가? '건장'은 마을에서도 집과 가까우면서도 가장 양지바른 곳에 설치된다. 그곳에 서면 추운 겨울이라 해도 날이 맑은 날이면, 따스한 햇살이 쏟아진다. 햇살의 따스함은 안온한 평화로움이다. 그 평화가 온몸을 감싼다. 그 안온함은 아마도 내가 어머니 뱃속에 들어 있을 때의 느낌과도 같은 안전하게 보호받는다는 확신과 통한다.

어느 해였던가. 겨울의 입구에서 할머니가 돌아가셨다. 슬픔이 온 집안에 가득했다. 아니 더 정확하게 말한다면 슬퍼야 한다는 강박이 온 집안에 넘쳐흘렀다. 어린 나는 혼자 '건장'으로 갔다. 건장에는 그날따라 화사한 햇살이 가득했다. 그 햇살을 받으며 나는 할머니를 보낸 슬픔을 마무리했다.

늘 어려울 때면 그 햇살을 생각했다. 바닷가 남도의 '건장'으로 내리쏟아지는 그 밝은 햇살이 떠올랐다. 많은 세월이 지나고 나서야 그 햇살은 희망을 향한 밝은 손길이자, 따뜻한 공동체를 만들라는 어떤 메시지였다는 사실을 깨달았다. 그 햇살은 늘 나와 타인의 행복하고 정직한 삶을 껴안는 긍정적 에너지로 작용했다.

1969년 늦가을, 나는 전남 고흥의 가난한 농가에서 6남매 중 다섯째로 태어났다. 어머니는 고구마를 캐려고 준비하던 날 이른 아침, 식구들의 밥을 준비하다가 나를 낳으셨다고 한다. 딸, 딸, 아들, 딸, 아들, 아들의 순으로 우리 6남매는 태어났다. 내가 다섯째니 밑으로는 남동생 하나가 있다.

형편이 어려웠던 부모님은 아들들만 대학에 보냈다. 아들들보다 학교에서 공부를 잘했다는 누나들은 진학을 포기하고선 일찌감치 돈벌이에 나서야 했다. 어린 나이에 객지에서 힘든 공장 생활을 해야 했던 누나들의 아픔을 어렸을 적에는 헤아리지 못했다.

훗날 누나들은 아버지 장례식 때 눈물을 많이 흘렸다. 아버지에 대한 애틋함과 섭섭함이 함께 점철된 모습으로 보였다. 아버지를 대신해서 나는 지금도 누나들에게 많이 송구하고 미안하다.

2. 착한 어린이, 박홍근

'칭찬은 고래도 춤추게 한다'라는 말이 있다. 그 칭찬은 바로 사람의 '인정 욕구'를 충족한다. 누구에게 내가 받아들여지고, 어떤 집단에서 나의 역할이 있다는 것은 나의 존재 가치를 증명한다.

어릴 때 아버지는 오랫동안 이장을 도맡으셨다. 당연히 마을의 여론을 주도하시면서 대소사를 깔끔히 처리하셨다. 지금 생각해보니 상당히 정치 지향성이 강한 분이었다. 지금의 민주당 동네 조직책처럼 각종 선거 때마다 아버지는 활발히 움직이셨다.

마을에서 유일하게 전화기와 앰프 시설이 설치된 이장 집이라서 부모님이 계시지 않을 때 걸려온 전화는 내 몫이었다. 그 덕에 나는 마이크를 켜고 누구네 전화 받으러 오시라는 짧은 동네 방송을 종종 했다. 어린애가 또박또박 방송을 잘한다고 어른들이 칭찬이라도 해주면 기분이 좋았다. 내가 훗날 학생운동과 시민운동 그리고 정당에 몸담으면서 마이크를 자주 잡게 될 인연은 그렇게 싹텄던 모양이다.

부모님이나 동네 어른에게 칭찬받으면서 나는 아마도 바르게 산다는 개념을 어렴풋이 깨닫기 시작했다. 어린이가 착하다는 게 무엇인가? 부모님 말씀 잘 듣고, 어른 심부름 잘하고, 형제나 친구들과 싸우지 않고, 공부 잘하고 그런 게 아니겠는가. 좀더 나아간다면 타인에 대한 배려, 즉 이타심 같은 걸 가질 수 있다.

어릴 적 동네에 소아마비로 장애를 가진 친구가 있었다. 목발을 짚어서 팔씨름은 늘 1등을 해도 다리가 불편하니 거동이 자유롭지 못했다. 누가 딱히 시킨 것도 아니었는데 그 친구의 말벗으로 학교를 함께 다녔다. 가방 하나는 메고 하나는 든 채 왕복 2킬로미터인 초등학교를 그렇게 오갔다.

중학교에 진급해서는 등하굣길이 왕복 8킬로미터, 이십 리 길로 늘어났다. 다행히 동네어귀를 지나는 버스가 생겨서 시간이 맞으면 탔지만 놓치면 터벅터벅 걷는 경우도 꽤 있었다. 막 운행을 시작한 한 택시 기사가 장애인 친구의 가방을 들어다 준다는 소식을 듣고 시간이 날 때면 우리를 학교까지 태워다 주기도 하셨다.

초등학교 졸업식

한번은 그 친구와 초등학교 때 하교를 하다가 내리막길에서 지폐 뭉치 6천원인가를 주웠다. 망설임 없이 왔던 길로 되돌아 뛰어서 파출서를 찾아가 주인을 꼭 찾아주라고 드렸다. 그런 일들로 초등학교 졸업식 때는 전라남도 단체로부터 '착한 어린이상' 표창장을 받았다.

학급 회장을 맡아 아침 일찍 학교에 도착해서 누구보다 먼저 교실 문을 열 때면 드르륵 울리던 그 소리, 햇살 속에 피어오르던 교실 안의 먼지들까지 포근하게 느껴지던 그 장면이 오래도록 기분 좋게 남아 있다. 나는 초·중학교 시절 말 그대로 지각이나 결석 하나 없는 '품행 방정한 학생'이었다. 성격이 활달하거나 사교적이진 않았어도, 남 앞에 나서는 일을 두려워하지 않았다. 어려서 주산을 잠시 배워 경시대회에도 참석했고 학교를 대표하여 군으로 웅변이나 글짓기 대회도 나갔다.

찬찬히 돌아보니 나는 어릴 적부터 인정 욕구가 강했던 것 같다. 그것이 긍정적으로 작용해 나를 성장시켰다. 지금까지 정치에 있는 이유도 바로 공적 인정 욕구 때문인지도 모른다. 같은 시대를 살아가는 사람들로부터 아니 나아가 다음 세대로부터도 우리 공동체를 위해 꼭 필요한 사람이고 늘 든든하고 고마운 존재라는 칭찬을 듣고 싶다.

3. 정론직필의 기자가 꿈

중3이 되면서 성적이 올라갔다. 2학년 때까진 반에서 15등 정도였는데 중3 때는 3등 정도로 올랐다. 전통이 있는 명문학교 순천고 진학을 검토했다. 그런데 마침 재일동포가 자신의 고향 순천에 효천고를 신설하면서 성적 우수한 학생에게 장학금을 주고 기숙사를 제공한다는 소식을 접했다. 어려운 집안 형편을 외면할 수도 없고, 선생님의 추천도 있고 해서 효천고에 입학했다.

난생 처음 집 떠난 유학 생활이었다. 기숙사 생활은 매우 엄격했다. 3학년 1학기 중반 부당하게 처벌하는 사감 선생님께 항의하고는 기숙사에서 나왔다. 비슷한 이유로 먼저 기숙사 생활을 끝낸 친구들이 함께 살고 있는 하숙집으로 들어갔다. 그때가 바로 1987년 6월 항쟁이 있은 전후였다. 그해 12월 대선에서 김대중 후보가 패배하고 노태우 후보가 당선되었다.

시국도 어수선했지만, 대학교 진학에 대한 고민으로 방황이 심했다. 영어와 수학 성적이 잘 나오지 않아 희망하는 대

중학교 졸업식

학교의 학과로 진학이 여의치 않아, 일찌감치 재수를 결심했다. 그런데 자식같이 돌봐주시던 하숙집 주인아저씨가 대학 입학원서를 사 와, 세 친구들과 함께 경험 삼아 시험을 치르자며 모두 같은 경희대학교에 지원했다.

그렇게 치른 학력고사 결과를 받아보니 나만 국어국문학과에 합격했다. 원래 국어국문학과나 신문방송학과로 진학하고 싶었다. 고등학생 시절부터 언론인이 되려는 꿈을 가졌다. 정론직필(正論直筆)로 세상의 부정은 파헤치고 선행은 알리는 기자를 잘할 자신이 있었다.

원하는 학과는 합격했지만 원하는 대학은 아니라서 고민이 깊었다. 친구들과 재수를 하고 싶은 마음이 강했으나 그럴 형편이 안 됐다. 결국 부모님께서 부산의 친척 등으로부터 어렵게 마련한 돈으로 등록을 마쳤다. 대학에 다니면서도 재수나 편입을 할 수 있기에 마침내 경희대 국문학과에 다니기로 마음을 다잡았다. 그런 결심이었기에 신입생 때도 수학과 영어 문제집을 싸 들고 중앙도서관에서 시간을 보냈다. 그러나 경희대 입학이 결과적으로 나의 인생을 송두리째 바꿔 놓았다.

4. 불의에 항거하다 운동권 투사로

1988년은 서울 올림픽이 개최된 해이기도 하지만, 민주화 세력인 이른바 '운동권'과 새로 출범한 노태우 정권과의 갈등이 심한 시기였다. 87년 6월항쟁으로 대통령직선제를 이루긴 했어도 여전히 신군부의 군사독재 체제가 사회 전반의 시스템에 관철되고 있었다. 지금 생각하면 이 무렵부터 신군부의 하수인이 된 검찰 세력이 사회 전반을 장악하기 시작했다.

아무리 재수한다고 계획했어도 대학 생활은 달랐다. 편집부가 언론에 관한 세미나를 한다기에 가입했다. 4·3항쟁, 4·19혁명, 5·18민주화운동의 진실을 자료와 세미나를 통해 간접적으로 알게 되었다. 5월 중순에는 80년 광주항쟁의 한이 서린 망월묘역을 참배하면서 산 자의 빚진 마음에 눈물을 흘릴 수밖에 없었다.

하지만 선배들과 친구들이 교정에서 집회나 시위를 하고 있으면 지나가다가 미안해서 눈길을 마주치지 못했다. 옳은 주장이고 정의로운 행동이지만 나의 앞길과 가족의 실망이 우선 떠올랐다. 특히 시골에서 고생하시는 부모님 생각을 하면 선불리 나설 수가 없었다.

5월 말, 1학년 남자 대학생 대상의 1주일 군사훈련인 '문무대' 입소를 거치면서 내 인생은 완전히 새로운 길로 접어들었다. 당시는 문무대에서 퇴교 조치를 당하면 바로 군 입대로 직행하는 불이익을 받아야만 하는 시기였다. 남학생들은 선배들과 여학생 동기들의 배웅을 받으면서 의기양양하게 성남 문무대로 향했다.

그러나 우리가 탄 버스가 문무대에 입소하자마자 우리의 대오는 쉽게 깨졌다. 군인들은 우리들이 고분고분 복종하지 않는다고 버스에 올라와 갖은 욕설과 협박을 해댔다. 그런데도 저항의 목소리들은 제대로 나오지 않았다. 그 자리에서 나는 심한 모욕감과 자책감을 느꼈다. 아무 죄 없는 민간인에게 저렇게 행동하는 것은 분명한 잘못인데, 내게 닥칠 불이익이 걱정되어 잘못이라고 당당하게 발언하지 못한다면 나의 양심과 자존감은 없는 거라고 느꼈다. 그래서 용기를 내어 강하게 항의했다. 학생인 우리를 인간답게 대해 달라고….

군인들에게 거의 멱살이 잡힌 채 문무대 운동장으로 끌려 나왔다. 하지만 속은 너무나 후련했다. 그 결심과 행동이 신호탄이었다. 개인적인 불이익은 감수하더라도 옳은 길을 위해서는 타협하지 않고 행동하겠다는 나의 분명한 인생관을 확립하고 이를 선언한 순간이었다. 개인의 출세와 사회의 정의라는 갈림길에서 나는 확고하게 후자를 선택했다. 그렇게 해서 나는 본격적으로 학생운동에 뛰어들게 되었다. 누구의 설득에 의해서가 아니라 내 안의 자존감과 정의로움이 나를 역사의 현장으로 끌어냈다. 불의의 상황이 내 속에 잠자고 있던 나의 정의감을 타오르게 했다.

안전한 학내 집회에도 제대로 참석하지 않았던 내가, 그해 6월 남북청년학생회담 성사를 위한 가두투쟁부터 나섰다. 휴지 하나 아무 데나 버리지 않던 내가, 하루아침에 최루탄 뿌연 도로 속에서 구속을 각오하고 뛰어다니는 투사로 바뀌고 있었다.

여름방학에는 전라북도로 농촌활동을 다녀왔다. 고향에서는 어려서 깨닫지 못했던 우리나라 농업의 실태와 농민의 실상을 정확히 이해하게 됐다. 겨울에는 독재자이고 광주학살의 원흉이면서 부정축재자인 전두환과 이순자의 체포결

문리대 학생회장 때 나갔던 시위

사대로 참여하여 대학로와 연희동을 누비며 그들의 구속을 촉구했다. 학년이 올라갈수록 점점 더 학생운동의 중심부로 들어갔다.

생활력과 투쟁력이 남다른 시절이었다. 역사와 대중 앞에서 한 치의 흐트러짐도 보여줘서는 안 된다고 스스로 채찍질하던 시기였다. 그러다 보니 시위현장에서 체포되거나 불심검문에 걸려서 서울 시내의 경찰서 곳곳을 제집처럼 드나들기도 했다. 시위 과정에서 몸을 다쳐 병원 신세를 몇 번이나 지기도 했다.

경희대 총학생회장 시절

1990년 9월 초, 서울대학교에서는 서울지역 대학생들이 총집결하는 연합집회가 열렸다. 당연히 집회에 참석했던 나는 학내로 진입하려는 경찰과 싸우다가 크게 다쳤다. 전투경찰이 던진 벽돌에 맞아 안경이 깨지면서 눈 주변이 찢어지고 코뼈까지 휘어졌다. 당장 병원에 입원해야 했다.

마침 추석이 바로 코앞이었다. 그 얼굴로는 고향에 갈 수가 없었다. 걱정하실 부모님께는 다른 핑계를 댔지만, 서울에 있던 누나들에게는 들통이 나고 말았다. 하지만 누나들은 나를 야단치기는커녕 오히려 따뜻하게 위로해주었다. 특히 어려운 상황 속에서도 나를 뒷바라지해 주던 막내 누나는 내가 학생운동을 한다는 것을 일찍부터 알고 있었지만, 모른 척해주고 있었다. 그것을 나는 뒤늦게야 알았다. 누나들의 나에 대한 깊은 애정에 새삼 얼마나 고마웠는지 모른다.

3학년 말에는 문리과대학 학생회장 선거에 출마하여 당선됐다. 책임감이 더욱 무겁게 다가왔다. 나는 더욱 단단히 앞으로 나아가야 했다.

5. 학생운동에서 시민사회운동으로

처음의 결심이 어렵지, 그 다음부터는 관성과 의지에 의해 가는 길을 간다. 1991년 4월 단과대학 학생회장으로 수서비리사건 규탄 시위를 주도했다는 혐의로, 막내 누나와 자취하던 면목동 집 앞에서 잠복 형사들에게 쫓기다 잡혀서 두 달 가량 구속되었다. 시골에 계신 부모님은 그 사실을 모르고 계셨다. 출소 후 1992년도 총학생회장 선거에 나가야 할 상황이 되자 아버지께 무릎 꿇고 이실직고를 할 수밖에 없었다. 엄격했던 아버지는 혼을 내면서도 우리 집안에 경찰서 문턱을 넘는 사람이 없었으니 그런 일은 만들지 말라며 어쩔 수 없는 승낙을 해주셨다.

하지만 그 시절 운동권 총학생회장이라면 감옥행은 당연한 예약이었다. 더구나 개별 학교도 아닌 전국 조직을 이끌어가는 자리였으니 이미 각오한 일이었다. 당초 전국대학생대표자협의회(전대협) 6기 의장을 맡고 싶었으나, 최종 단계에서 자리싸움을 더 하고 싶지 않아서 양보했다. 대신 서울지역총학생회연합(서총련)을 맡아 활동했고, 이후 전대협

전대협 의장대행 시절

의장이 체포되자 그 권한대행을 6개월 정도 맡아 14대 대통령선거와 한총련 출범 준비 등을 이끌었다.

1993년 초 총학생회장 임기는 끝났으나 수배 중이라서 검거를 피해 경희대 학내에만 계속 머물렀다. 졸업에 필요한 학점을 따기 위해 강의도 들었다. 건강을 챙기려고 아침마다 교정을 열심히 뛰기도 했다. 그러다가 가을쯤에 김영삼 정부가 국민 통합 차원에서 정치수배자에 대한 해제 조치를 단행했다. 대신 경찰과 검찰에 출두하여 조사를 받았고, 불구속 상태로 여러 혐의에 대한 재판을 받아야 했다. 그나마 다행히 또다시 징역형의 집행유예 판결을 받게 되었고, 대학도 6년 만에 졸업할 수 있었다.

이후 전대협 1기 의장 출신인 이인영 선배의 추천으로 문익환 목사님이 만드신 '통일맞이칠천만겨레모임'의 실무자로 사회에 첫발을 디뎠다. 물론 월급 없는 자원봉사였다. 그러다가 전대협 출신의 우상호, 임종석 선배가 만든 '청년정보문화센터'로 옮겨 근무하였다. 원래는 늦깎이로 입대할 때까지만 일하기로 했는데, 전혀 예기치 않게 병역이 해결되었다. 두 건의 전과기록으로 인해 보충역(공익요원) 복무를 예상하고 있었는데 병역법이 개정되면서 면제 대상에 오른 것이다. 오랜 수감이나 수배 생활로 나이가 많은 이들에게 적시에 사회 진출의 기회를 주자는 취지로 도입됐다고 한다. 생각지도 못한 법의 적용으로 군 문제가 해결되자, 나는 그것을 역사와 사회에 더욱 봉사하라는 뜻으로 새겼다. 나는 지금도 그러한 생각에 변함이 없다. 병역 면제 조치는 구속과 수배를 반복했다고 받은 상장이 결코 아니다. 그것은 나에게 가해지는 채찍이다. 더욱 열심히 국가와 사회에 봉사하는 자세로 살아갈 것을 스스로 다짐하는 기제이기도 하다.

'청년정보문화센터'에서 연구원으로 1년, 사무국장으로 3년, 부소장으로 1년 동안 일을 했다. '청년정보문화센터'의 역사를 처음부터 끝까지 함께했다.

그곳에서 나의 20대 후반의 청춘을 고스란히 바치면서 소중한 인연과 경험을 쌓았다. 생활은 매우 쪼들렸지만, 활동은 늘 즐거웠다. 활동비가 60만원 정도였으니 생활은 안 되고 빚은 늘어가는 구조였다. 하지만 대학생 때 열심히 못한 공부를 보충해 보려고 행정대학원에 진학해서 저녁에는 수업도 열심히 들었다. 한·일 청년 교류를 주도하다가 만난 경실련청년회 소속의 아내를 사귀기 시작하던 때였다.

청년정보문화센터 활동

'청년정보문화센터'가 KYC(한국청년연합회)로 전환될 무렵, 김대중정부의 '제2건국운동'을 위해 서울시청 자치행정과에 계약직으로 몸을 담았다. 그리고 1999년 10월 말에 아내 장미경과 결혼했다. 비록 가진 것은 없었지만 계약직이더라도 공무원의 신분이라서 약간의 면은 섰다. 그때 시청에서 행정의 시스템을 배웠고 공문서나 사업계획서 작성 방법을 익혔다. 생활은 조금 안정되었지만, 함께 일하던 선배들이 먼저 떠나고 나도 틀에 박힌 업무가 맞지 않아서, 1년 6개월 동안의 서울시청 생활을 정리했다.

당시는 닷컴 열풍이 불 때였다. 미국의 유명한 정치 컨설턴트인 딕 모리스의 'vote.com'을 한국적 상황에 맞게 구축해 보자며 선배들과 함께 의기투합했다. 정책과 인물 투표 사이트인 'iwatchkorea.com'을 창립하고, 운영에 주도적으로 참여했다. 인터넷으로 매일 분야별 주요 현안에 대한 정책투표를 하고 이를 분석해서 정부나 정치권, 언론사 등에 제공하고, 주요 인물의 여론을 확인하는 시스템이었다. 지금은 SNS를 통해 충분히 접목할 수 있지만, 당시로서는 좀 빠른 접근이었다. 결국 내가 퇴사하고 그 회사는 문을 닫고 말았다. 결국 나는 2년 반 만에 적성에 맞는 청년운동 시민단체로 복귀했다.

6. 시민운동에서 현실정치로

처음에 나는 사회운동하다가 제도정치로 가는 건 뭔가 당당하지 못한 타협이라고 여겼다. 자신의 일신을 위한 현실적 선택으로 보는 부정적 견해였다. 그래서 나라도 더 현장을 지키면서 원칙적 목소리를 내는 게 힘들더라도 가야 할 길이라고 믿었다. 그래서 제도정치권에 진입한 선배들과 술자리에서 논쟁을 많이 했다. 나중에는 선배들이 약간 기피할 정도였다.

"들어가서 왜 그 정도밖에 못 하시냐? 국민의 입장에서 진보적 소신을 갖고 좀 제대로 하셔라." 이런 문제제기를했다. 선배들은 좀 더 현실적인 이야기를 하고, 나는 원칙적인 이야기를 했다.

당시 아버지께서 "너 이제 뭐 하려고 그러냐? 시민운동 한다고 제대로 월급도 못 받고 힘들게 살면서 언제까지 그렇게 할 거냐?"라고 물으실 때도, 나는 "정치에 아직 뜻이 없습니다."라고 답했다.

직장생활을 하는 아내에게도 참 미안했다. 연상인 아내

가 첫아이를 가졌다가 끝내 출산하지 못해 너무 힘들어했다. 임신했을 때 곁에서 잘 보살펴줘야 하는데, 단체 활동하다 보면 맨날 늦게 들어가고 주말도 없는 경우도 많았다. 그런데도 아내는 내가 시민단체에서 일하고 싶어하는 것을 이해해줬다. 아내의 속깊은 배려로 2001년 나는 KYC(한국청년연합회) 상근 공동대표로 복귀했다. 나는 새로운 청년운동의 모델을 만들어 한국사회 시민운동의 새 지평을 열고 싶었다. 2005년까지 전국의 회원들과 함께 자원봉사, 지방자치, 평화통일, 청년권익을 위해 최선을 다했다. 그 사이 2002년 노무현 대통령 선거 때는 전국의 청년·대학생 조직을 '2030유권자네트워크'로 묶어 투표참여운동과 정책제안운동을 이끌었다.

신혼 때는 신내동에서 전셋집으로 시작했다. 그때는 전세하고 매매가 차이가 크지 않았다. 2년 전세 살고선 이사를 해야 했는데 아내가 다른 데보다 약간 싸게 나온 아파트를 소개 받아 계약까지 마쳤다. 전용 면적은 한 17평, 분양 면적은 21평 정도 되는 중랑구청 옆의 작은 집이었다. 아내가 주도해서 대출받아 매매 계약을 했다. 그때만 해도 시세의 80~90%까지 대출이 됐던 시절이었다. 그 집에서 딸을 낳아

세 식구가 지금도 24년째 살고 있다. 비좁고 낡은 집이지만 우리 가족들에게는 특별한 공간이다.

나는 KYC(한국청년연합회) 5년 대표직을 마친 후 전국 시민단체의 연대조직인 '시민사회단체연대회의'에 1년 넘게 몸을 담았다. 시민사회 활성화를 위한 시민재단이나 시민센터 설립 등의 업무를 맡았다. 그러다가 2007년도 여름쯤 고심 끝에 제도권으로 들어가기로 결심했다. 당시 참여정부와 열린우리당의 상황이 매우 염려스러웠고, 시민운동을 함께 하던 선배들과 오랜 논의한 결과 집단적으로 진입하여 새로운 정치를 창출해 보자고 의기투합했다. 그러나 제도정치의 길은 시민운동보다 훨씬 복잡다단했다. 결국 시민사회그룹인 '미래창조연대'를 거쳐 '대통합민주신당' 창당에 참여하게 되었고 나는 그 준비위원회의 짧은 공동대변인으로 첫발을 뗐다. 그리고 창당 후 당대표실에 있다가 2007년 9월에 전국청년위원장으로 당직을 임명받았다.

하지만 그해 12월 대선은 큰 표차로 패배했다. 그 과정에서 온갖 적나라한 당내 모습을 지켜봤기에 시민운동을 계속하는 게 낫지 않았나 하는 후회도 들었지만, 결국 나는 청년들에게 희망을 주는 정치를 본격적으로 해보고 싶었다. 특히 등록금, 취업, 집값, 보육비 등의 문제로 미래가 저당 잡힌 채 살아가는 2030세대의 목소리를 대변하고 싶었다. 그래서 2008년 3월 통합민주당의 제18대 국회의원 비례대표 후보를 청년 몫으로 신청했다. 하지만 돌아온 것은 대기 순번에도 고려해주지 않는 탈락의 쓴잔이었다.

아쉬움은 컸지만 나는 더 명분과 기반을 쌓기로 작심했다. 마침 시민사회에서 함께 입당한 인사 중 유일하게 비례대표가 된 김상희 의원의 요청에 따라 그의 보좌관 생활을 시작했다. 누군가의 보좌관을 맡으니까 박홍근의 정치는 끝났다고 안타까워하는 분들도 있었다. 하지만 이 기간은 나에게 아주 소중한 경험의 시간이었다. 당과 국회의 시스템을 충분히 알게 되었고 자료를 준비하고 의정활동을 전개하는 데 필요한 자신감을 확실히 키웠다.

7. 국회 입성과 출사표

1년 반가량의 국회 보좌관 일을 마치고, 나는 2010년 서울 중랑구청장 도전에 나섰으나 8명의 후보 중 3명으로 압축하는 예비경선에서 탈락하고 말았다. 아내와 가족들에게 면목이 없었다. 하지만 더 이를 악물고 기반을 더 다지기 시작했다. 친환경무상급식, 대학생반값등록금 등의 이슈를 들고 활발히 뛰었고 여러 단체에 참여하거나 모임을 만들기도 했다.

그러다가 시민운동의 큰 기둥이었던 박원순 서울시장의 첫 당선을 중랑구에서 돕고 나선, 2012년 제19대 국회의원 선거에서 중랑구(을) 출마를 선언했다. 아내가 마련한 아파트를 다시 담보로 대출을 받아 선거에 나섰다. 5선의 국회부의장 출신, 김대중·노무현 대통령 비서관 출신들을 포함한 8명의 쟁쟁한 후보가 출마하여 경선 과정부터 험난했다.

치열한 경선 끝에 민주통합당 후보로 최종 선출되었지만, 지역의 터줏대감 격이던 분이 컷오프에 불복해 정통민주당 후보로 출마하는 악재가 발생했다. 천만다행으로 새누리당에서도 현역 의원이 공천에서 탈락해 무소속으로 출마하면서 선거는 대혼전으로 치러졌다. 피가 마르는 치열한 접전 끝에 나는 새누리당 후보를 854표 차로 제치고 가까스로 국회의원에 당선되었다. 그때 나이가 만 43세였다.

초선 때는 국회 교육문화체육관광위원으로 4년 내내 일했고, 국회 역사상 최초로 청년문제를 다루는 의원연구단체(청년플랜2.0)와 동물복지를 다루는 의원연구단체(동물복지국회포럼)를 주도적으로 만들어서 공동대표로 활약했다. 당에서는 다시 전국청년위원장을 맡았고, 2012년 대선 패배 후 당의 비대위원과 당대표비서실장을 역임했다.

2016년 제20대 국회의원 선거에서는 더불어민주당 후보로 다시 출마해 8천여 표 차로 승리하며 재선에 성공했다. 국회 미래창조과학방송통신위원회 간사를 맡았다가 이듬해인 2017년 5월, 우원식 원내대표로부터 원내수석부대표로 선임되며 문재인정부 첫해의 당과 정부의 소통, 야당 협상을 총괄하는 역할을 수행했다. 여당 수석부대표 혼자서 3개의 야당 교섭단체를 상대하는 초유의 경험을 거쳤다. 당시 우원식 원내대표는 "자신에게 가장 잘한 일을 꼽으라면 박홍근 의원을 원내수석으로 시킨 일"이라고 여러 번 공개 칭찬을 아끼지 않았다.

2016년에 이어 2018년에도 국회 예산결산특별위원회의 예산안조정소위원으로 선임되어 국가 재정 전반을 세밀하게 다뤘다. 이 경험이 나중에 3선 의원으로서 예결위 간사와 위원장을 맡는 바탕이 되었다. 국회 예결위원의 기회가 적은 서울지역의 의원으로서는 이례적으로 예산안조정소위원의 활동을 가장 많이 해본 기록을 가졌다. 의정활동의 중요한 축으로 재정과 정책을 종합적으로 바라보는 시야를 지니게 된 기회였다. 예산안조정소위원회에 여러 번 참여하며 국가 전체 예산의 흐름과 정책 우선순위를 입체적으로 점검할 수 있었다. 이는 개별 법안이나 단기 현안을 넘어, 국가 운영의 큰 틀을 이해하는 데 중요한 자산이 되었다.

그리고 2018년 10월에는 더불어민주당의 '을지키는민생실천위원회', 이른바 '을지로위원회' 제3기 위원장으로 선출되었다. 이 시기부터 나의 의정활동은 분명한 궤도를 그리기 시작했다. 그 중심에는 일관되게 약자 보호와 민생 우선이라는 원칙이 있었다. 비정규직 노동자, 자영업자, 중소기업인 등 경제적 약자를 대변하는 데서 출발해, 제도정치가

을지로위원회 민생대장정출발

미처 품지 못했던 현장의 목소리를 국회 안으로 끌어들이는 것을 정치적 소명으로 삼았다.

을지로위원장으로서 나는 국회 밖 갈등의 최전선으로 직접 들어갔다. 파인텍 노동자 426일, 전주 택시 노동자 510일 등 극한 대립으로 치닫던 고공농성 3건을 직접 중재하며 합의를 이끌어냈다. 현장에서 당사자들의 목소리를 진심으로 듣고, 끝까지 자리를 지키며 해결의 실마리를 집요하게 찾았다. 이러한 경험은 '고공농성 해결사'라는 언론의 평가로 이어졌는데, 이는 을의 문제를 결코 외면하지 않겠다는 정치적 소신의 결과이기도 하다.

자영업자 카드 수수료 대폭 인하 역시 내가 주도한 정책 중 하나였고, 그 결과 소상공인 단체로부터 감사패를 받았다. 민생 우선 정치가 구호에 그치지 않고 실질적 변화로 이어질 수 있음을 보여주고자 했다.

2020년 제21대 국회의원 선거에서는 더불어민주당의 단수공천을 받아 3선에 도전했고, 26,500여 표 차이로 다시 한번 당선되었다. 서울이라는 대도시의 구조적 문제와 시민들의 삶을 현장에서 체득해 온 경험은 이 시기에 더욱 축적되었다.

2021년 4월 치러진 서울특별시장 재보궐선거에서는 박영선 후보의 정책본부장을 맡아 정책공약을 총괄했다. 선거 결과는 더불어민주당의 참패였지만, 서울이 안고 있는 구조적 문제와 시민들의 요구를 다시 한번 절실하게 확인하는 계기가 되었다.

2022년 3월, 대선에 패배한 직후 치러진 더불어민주당 원내대표 선거에서 역대 최연소로 선출되었다. 172명의 의원을 조정하고 대표하는 막중한 책임을 맡았다. 나는 민생 철학을 당 차원의 정책 역량으로 확장하기 위해 129명 규모의 민생우선실천단을 출범시켰다. 이를 통해 유류세 추가 인하, 직장인 식비 공제 신설, 납품단가 연동제 도입 등 국민 생활에 직접 와닿는 성과를 만들어냈다.

2024년 제22대 국회의원 선거에서는 57.72%의 득표율로 또다시 선택을 받아 4선 의원이 되었다. 진정성과 실력을 동시에 지니되, 겸손과 품격을 갖춘 의정활동을 펼치기 위해 쉼없이 뛰어왔다. 그 결과 매년 국정감사를 마치고 나면 민주당과 시민단체로부터 우수의원상을 거의 대부분 받았고, 의원들이 선망하는 백봉신사상도 두 차례 수상하는 영광을 안았다.

또한 서울 중랑에서 시작된 나의 정치는 네 번의 선거를 거치며, 현장과 제도, 민생과 국가 운영을 잇는 정치로 확장되어 왔다. 청년 문제 역시 그 연장선에 있었다. 나는 〈청년플랜2.0〉을 통해 청년 정책의 방향을 정비하고, 청년기본법 제정을 주도했다. 청년을 단순한 복지의 대상이 아니라 독립된 정책 주체로 세우기 위한 제도적 토대를 마련하고자

했다.

국회 최초로 동물복지를 본격적인 의제로 끌어올린 것도 같은 문제의식에서 비롯되었다. 〈동물복지국회포럼〉 대표로 지금까지 10여 년간 활동하며 동물복지기본법 전부 개정과 개식용 금지법 제정을 이끌었다. 인간 중심의 정책을 넘어, 존재적 약자로서 동물의 권리를 제도적으로 보장해야 한다는 인식을 국회 안에 뿌리내리고자 했다.

돌이켜보면, 나의 의정활동은 언제나 현장에서 출발해 제도로 귀결되는 과정의 연속이었다. 약자의 삶을 지키는 일, 민생을 우선하는 정치, 그리고 그것을 가능하게 하는 국가 운영의 설계까지. 이 모든 경험은 이후 더 큰 책임을 감당하기 위한 준비 과정이자, 또 다른 출사표였다.

8. 이재명과 명운을 함께하다

이재명 대통령에 대한 기억은 2007년으로 거슬러 올라간다. 당시 대통합민주신당 청년위원장이었던 나는 당사 앞에서 당 경선 방침에 대해 격렬하게 항의하던 한 변호사를 눈여겨보게 되었다. 그는 지지자들을 대표하여 당대표실까지 들어왔고, 그때의 열정적인 행동과 표정은 유난히 강렬해 오랫동안 기억에 남았다.

그 후로 한동안 그와 마주칠 일은 없었다. 중앙정치권에서 '이재명 성남시장'이라는 이름이 간간이 거론되긴 했지만, 직접적인 접점은 없었다. 다만, 그의 탁월한 소통 능력과 자치단체장으로서의 성과는 점차 전국적으로 회자되었고, 중앙정치권에서도 누구도 무시할 수 없는 독보적인 존재로 자리매김해 갔다.

그는 성남시장을 두 차례 지내며 우리 당의 대통령 선거 경선에 나섰고, 이후에는 많은 이들의 예상대로 경기도지사가 되었다. 자연스럽게 차기 대권 주자라는 이름도 따라붙었다. 그렇지만 내가 그와 직접 무언가를 함께하게 되리라고는 생각하지 않았다.

전환점은 2020년, 갑작스럽게 세상을 떠난 박원순 시장의 부재로 깊은 상실감에 빠져 있었던 때였다. 내가 국회 예산결산특별위원회 간사를 맡고 있던 늦은 가을 어느 날이었다. "왜 경기지사는 안 만나냐. 같이 한번 보자." 당시 이재명 지사를 돕고 있던 김영진 의원이 내게 여러 차례 권했다. 예결위 간사로서 다른 광역단체장을 만나왔기에 딱히 거절할 명분도 없었다.

차기 대권 주자 자리를 둘러싼 당내 긴장감도 점점 고조되고 있었기에 만남을 앞두고 나는 "정치 이야기는 일절 하지 않고 예산 요청만 듣겠다."라며 분명히 선을 그었다. 그러면서도 마음 한편에는 '대통령감인지 직접 확인해 봐야겠다'는 생각도 함께 자리하고 있었다.

김영진 의원과 함께 공관에서 이재명 지사를 만났다. 예산 이야기는 짧게 마치고 우리 셋은 그간의 정치적 여정을 안줏거리로 삼아 독한 소주 예닐곱 병을 비웠다. 다리를 꼬고 턱을 괴는 그의 모습이 처음엔 다소 가볍게 보이기도 했지만, 동시에 묘한 편안함도 느껴졌다.

2021년 3월에는 이재명 지사가 먼저 연락을 해왔다. 국회

에 온다면서 점심을 둘이 함께하자고 제안이었다. 한 시간 가량 식사하면서 나는 당내 의원들의 분위기와 대응 전략 등에 관해 조언했다. 그는 고개를 끄덕이며 경청했다.

두 달여 뒤인 5월 19일, 이번에는 내가 먼저 전화를 걸었다. 인사동의 한 찻집에서 우원식 의원과 함께 이재명 지사를 만났다. 세 번째 만남 만에 나는 "이제 돕겠습니다. 우리는 결심하면 제대로 합니다."라며 분명한 뜻을 밝혔다. "박원순 시장을 도왔던 이유 역시 단순히 시민운동가 출신이어서가 아니라, 그를 '혁신의 가장 상징적인 인물'로 보았기 때문이고, 이재명 지사야말로 그 혁신을 완수할 수 있는 사람이라는 확신이 들었다."라고 설명했다.

다음 날 나는 페이스북에 이재명 지사에 대한 공개 지지 선언을 올렸다. 3선 의원 그리고 서울지역 의원 가운데 처음이었다. 그를 "우리 안의 낡은 질서와 관행을 과감하게 깨뜨릴 혁신 주자이자, 현 시대의 질곡과 정면으로 싸워 이겨낼 선도자"라고 평가했다.

지지 선언 직후인 2021년 6월, 나는 이재명 대선 후보의 캠프를 구성하고 비서실장을 직접 맡게 되었다. 그러나 이재명과 명운을 함께하는 길은 절대 쉽지 않았다. 제20대 대선은 당내 경선 단계부터 극심한 혼전이었고, 얼마 지나지 않아 대장동 개발비리 의혹이 불거졌다. 이낙연 후보측은 경선 결과를 문제 삼으며 "무효표를 합산하면 과반이 아니다."라며 결선투표도 요구했다.

결국 당 지도부가 원칙적으로 정리했지만, 그 후 이 후보로부터 "저는 결선투표를 수용하려고 글까지 써두었습니다."라는 말을 들은 나는, 그의 진면목에 다시 놀랐다. 그런 그를 꼭 당선시키고 싶었다. 그래서 이낙연 후보측을 껴안아 화합된 당으로 본선을 치르라고 백의종군을 선언하며 비서실장직에서 물러났다. 이재명 후보는 "미안하고 고맙습니다. 큰길에서 꼭 함께합시다."라고 답했다.

대선 패배 이후, 이재명 대통령과 나는 다시 당대표와 원내대표라는 위치에서 마주하게 되었다. "당대표께서는 다시 대권을 준비하셔야 하니 외교안보와 민생경제 등 국가와 국민의 삶에 중대한 메시지를 주로 하시고, 윤석열정부와 여당의 실정은 원내대표인 제가 주로 강하게 비판하겠다." 라고 말씀드려서 역할을 분담했다. 실제로 오만하고 무능한 국정 운영을 우리 민주당이 강하게 견제하면서 윤석열의 지지율이 20% 중반대까지 반토막이 나기도 했다.

하지만 윤석열정권은 집권 직후부터 이재명 대통령과 민주당을 겨냥해 전방위적 압박에 나섰다. 검찰은 당사를 압수수색하고 이재명 대표에 대한 구속영장을 청구하며 윤석열의 주구 노릇을 자처했다.

2023년 2월, 이재명 대표에 대한 첫 번째 체포동의안 표

결은 이재명 대표와 나, 둘 모두에게 중대한 정치적 위기였다. 나는 당내 의원 전원을 설득하며 부결을 호소했다. 절박한 마음이 통했던지 체포동의안은 부결되었고, 우리는 간신히 한 고비를 넘길 수 있었다.

이재명 대표는 내가 원내대표직에서 물러난 이후에도 여러 중책을 맡겼다. 제22대 총선을 앞두고는 '민주개혁진보선거연합추진단' 단장을 맡아 야권의 선거 연합을 총괄했고, 그 결과 민주당은 단독으로 171석을 확보하는 압승을 거두었다.

지난해 가을에는 당의 전국직능대표자회의 의장으로서 그리고 대선 때는 직능본부장과 특임소통단장으로서 당의 외연을 확장했고, 교계·재계·언론계 등 각계각층 지도자를 후보 대신해 직접 만났다. 직능본부장으로서는 392개 단체와 136건의 정책협약을 체결했고, 역대 최대 규모인 164만 5,150명의 직능인 지지를 이끌어 냈다.

특히 특임소통단은 내가 후보에게 직접 요청해 맡은 역할이었다. 지난 대선 패인을 되짚어 보니, 후보를 대신해 소외계층과 종교계, 오피니언 리더, 재계 인사 등을 직접 만나는 창구가 꼭 필요하다는 판단이 들었다. 나는 매일 밤 늦게 각계의 면담 결과를 후보에게 직접 보고했다. 당선 이후 이재명 대통령은 내게 "특임소통단 활동 과정에서 들은 말씀들을 문서로 종합 정리해 달라."라고 요청했다.

9. 이재명정부의 설계자, 박홍근

이재명정부 출범과 함께 나는 국정기획위원회 국정기획분과장과 정부조직개편 TF 팀장을 맡았다. 국정기획분과장은 이재명 정부 5년을 설계하고 국정운영 5개년 계획을 수립하는 국정기획위원회의 핵심 보직이다. 각 분과의 논의 일정을 조율하고 방향을 제시하며, 이견을 조정해 최종안을 도출하는 것이 주된 임무였다.

공약과 시대 요구에 따른 정부조직 개편안의 마련, 국가비전과 국정목표·국정원칙의 선정, 국정과제·실천과제에 따른 5개년 운영계획과 재정투자 전략 수립, 이를 위한 각종 TF의 구성과 운영 역시 총괄했다. 대통령실과의 소통 역할도 자연스럽게 내 몫이 되었다. 이재명정부는 매우 혼란스러운 환경 속에서 출범했기에, 당과 정부, 민간에서 파견된 최고의 전문가들이 주어진 두 달 동안 '월화수목금금금'으로 밤낮없이 일했다. 단순한 방향 제시가 아니라, 꼼꼼하고 튼실한 설계도를 남기고 싶었다.

이재명정부 5년의 국가적 비전은 '주권재민'과 '국민행복'으로 설정했다. 이는 헌법 제1조의 국민주권 원칙과 제10조의 행복추구권을 염두에 둔 것이었다. 산업화와 민주화를 거친 이후, 이재명정부가 감당해야 할 시대정신은 '함께 행복한 대한민국'이라고 판단했다.

이를 뒷받침하기 위해 '경청과 통합', '공정과 신뢰', '실용과 성과'라는 세 가지 원칙과, '국민이 하나되는 정치', '세계를 이끄는 혁신경제', '모두가 잘사는 균형성장', '기본이 튼튼한 사회', '실용 중심의 외교안보'라는 5개의 목표 기둥을 세웠다. 그 아래에는 123개의 국정과제와 564개의 세부 실천과제를 배치했다.

이재명 대통령이 강조해 온 '먹사니즘'이 물질적 삶의 안정을 의미한다면, '잘사니즘'은 정신적 만족과 삶의 질을 지향하는 개념이다. 우리는 두 가치를 함께 추구하며 국가의 성장과 국민의 공동 행복을 실현하는 것을 정부의 최종 목표로 삼았다.

정부조직 개편안은 7월 중순과 8월 초순, 두 차례에 걸쳐 대통령에게 직접 보고했고, 추가 보완을 거쳐 최종안을 제출했다. 그중에서도 가장 핵심적인 과제는 단연 검찰 조직 개편이었다. 수십 년간 누적된 과제인 만큼, 개편 방식뿐 아니라 과정에서 발생할 수 있는 문제점과 보완 요소까지 자세히 검토했다.

권력기관 개편이라는 시대적 요구에 부응하면서도, 국민의 불이익이나 불편을 최소화하는 균형점을 찾는 데 주안점을 두었다. 2022년 문재인정부 마지막 한 달 반 동안 원내대표로서 검찰개혁 2단계를 추진하며 직접 수사권 폐지를 목표로 삼았고, 국정기획위원회에서는 3단계로 수사권과 기소권의 완전 분리를 통해 검찰청 폐지하는 개혁의 마지막 단추를 채우고자 했다.

2025년 8월 중순 이재명 대통령을 모시고 생방송으로 진행한 국민보고대회를 끝으로 나는 다시 국회로 복귀했다. '이재명정부의 설계자'라는 자부심을 안고 새 정부의 5개년 국정운영계획을 의원과 당원들을 대상으로 교육하고 있다.

그러다가 지난 11월, 나는 이재명정부의 성공을 확실히 뒷받침하기 위해 새로운 도전의 길에 나선다고 선언했다. 중앙정부와 서울시의 엇박자가 더 생겨서도 안 되지만 대한민국의 대표 도시 서울의 떨어진 위상과 활력을 시급히 되찾아야 하기 때문이다. 과연 서울은 지금 어떤 모습인지 그리고 앞으로 어떻게 나아가야 하는지를 다음 장에서 차분히 밝히고자 한다.

당신

박홍근

2

※ 일러두기

박홍근 의원의 서울시와 서울시정에 관한 인식과 비전을 6개 분야로 나눠,
대담 형식으로 정리한 글이다.

박홍근이 답하다

사람·연결·첨단의 서울, G2 도시로!

사람·연결·첨단의 서울, G2 도시로!

서울은 대한민국의 역사 그 자체였다. 산업화의 신화를 창출한 꿈의 현장이었다. 불의와 독재에 맞서 민주주의가 분출하는 광장이었다. 작지만 강한 힘으로 세계 무대에 당당히 나아가는 관문이었다.

대한민국 성공의 힘은 성실하고 정직한 국민들의 땀과 눈물에서 나왔다. 경제적으로나 정치적으로 나라가 위기를 맞을 때마다 서울시민들은 침묵하지 않았다. IMF 외환위기를 극복할 때도 그랬고 권력의 폭주 앞에서 늘 민주주의 최후의 보루가 되어 왔다. 월드컵 거리 응원의 붉은 물결은 대한민국의 꿈이 이뤄지고 있음을 상징적으로 보여줬다. 이처럼 서울의 가장 큰 경쟁력은 화려하고 높은 건축물이나 거주와 유동 인구의 규모가 아니라, 스스로 주인이 되어 도시의 역사를 써가는 훌륭한 시민의식이었다.

그러나 최근의 서울은 시민의 성숙함만큼 시의 행정이 따라오지 못하고 있다. 시민은 이미 세계적 수준의 민주적 감수성과 미래의 통찰력을 갖추었지만, 행정이 그 눈높이에 충분히 응답하고 있는지에 대해서는 냉정한 평가가 필요하다. 지금 서울은 '과거의 성공 공식'에 머문 채, 새로운 시대가 요구하는 도시의 역할을 제대로 수행하지 못하고 있다.

서울은 대한민국의 수도이자, 천만 시민의 삶이 축적된 공동체다. 그러나 이 거대한 도시는 지금 분명한 한계에 부딪혀 있다. 숨가쁜 기술과 문화의 변화 속도 앞에서 시민의 불안은 커졌고, 건물들은 우뚝 높아지고 있지만 다수 시민의 삶은 버겁기 그지없다.

그동안 서울은 끊임없이 성장해 왔다. 예산의 규모는 늘었고, 도시의 외형은 확장되었으며, 각종 개발 사업과 상징적 프로젝트가 이어졌다. 하지만 시민의 일상은 그만큼 나아졌는가, 라는 질문 앞에서는 선뜻 답하기 어렵다. 성장은 있었지만 그 성과가 고르게 나뉘지 않았고, 속도는 있었지만 방향에 대한 숙고는 충분하지 않았다. 그 결과 시민은 점점 더 바빠졌지만, 더 안심되는 도시에 살고 있다는 확신은 갖기 어려워졌다.

나는 이 서울의 현실을 불안정·불평등·불균형, 즉 '3불(不)의 구조'가 고착화되고 있는 것으로 본다. 3불은 더 이상 일부 계층의 문제가 아니라 서울시민 다수의 일상이 되었다.

주거, 이동, 건강, 일자리, 교육, 안전 등에서 시민이 일상에서 마주한 불안과 불편은 커져 왔다. 천정부지로 치솟는 집값과 전·월세, 생활물가는 삶의 존엄을 위협하는 수준에 이르렀다. 아파도 비용부터 걱정해야 하는 현실, 아이·어르신·장애인 돌봄을 가족에게만 떠맡긴 구조는 삶의 불안정을 키운다. 구조적으로 고립 위험에 놓일 수 있는 1~2인 가구가 서울의 66%를 차지하는데도 이들을 위한 주거정책 등은 취약하기만 하다.

이 불안정은 단지 경제적 문제에 그치지 않는다. 미래에 대한 예측 가능성이 사라질수록 시민은 결정을 미루게 되고, 삶은 점점 방어적으로 변한다. 결혼과 출산, 이직과 도전, 노후 설계에 이르기까지, 서울에서의 선택은 점점 더 많은 위험을 감수해야 하는 일이 되었다. 도시가 시민에게 안정감을 제공하지 못할 때, 그 도시는 결국 활력을 잃게 된다. 개인의 소득과 자산 격차는 심해지면서 불평등한 도시로 전락한다.

자치구 간 재정과 성장 격차는 시간이 갈수록 고착되고 있다. 교통을 비롯한 공공 인프라와 교육, 문화와 복지 수준의 지역 간 불균형은 역시 되돌리기 어려운 수준에 이르렀다. 25개 자치구 간 재정자립도는 최대 3.6배로, 1인당 지역내총생산(GRDP)은 최대 12.6배로 더 벌어지고 있다.

이 3불의 구조를 해소하지 않고서는, 어떤 성장도, 어떤 혁신도 시민의 삶으로 증명될 수 없다. 이제 서울을 시민의 삶을 중심에 두고 재설계해야 한다.

도시는 하나지만, 삶의 조건은 같지 않다. 같은 서울에 살고 있어도 어느 지역에 거주하느냐에 따라 이동 시간, 교육 환경, 문화 접근성, 복지 체감은 크게 달라진다. 이러한 격차는 시간이 지날수록 개인의 노력으로는 극복하기 어려운 구조적 문제로 굳어졌다. 균형을 잃은 도시는 결국 전체의 성장 잠재력마저 약화시킨다.

내가 그리는 서울의 출발점은 단순하다. 시민이 진짜 주인이 되는 시정이다. 행정은 보여주기 위한 성과가 아니라 시민의 삶을 지탱하는 동반자가 되어야 한다. 서울시장은 권력자가 아니라 시민의 최고 공복이며, 시민의 일상을 함께 책임지는 '내 삶의 가장 든든한 동반자'이어야 한다.

행정이 시민의 삶과 멀어질수록, 정책은 숫자와 보고서 속에만 남게 된다. 대규모 예산이 투입되었음에도 체감이 낮은 사업, 유지 비용만 늘어나는 시설, 장기적 비전 없이 추진되는 프로젝트는 시민의 신뢰를 약화시켜 왔다. 이제 행정은 무엇을 짓고 만들었는지가 아니라, 시민의 삶이 어떻게 달라졌는지로 평가받아야 한다.

나는 주거와 돌봄, 안전 앞에서 누구나 평온함을 느끼는, '사람의 서울'을 꿈꾼다.

집은 투기의 대상이 아니라 시민 삶의 최소 기반이어야 한다. 청년과 중산층, 서민이 장기간 안심하고 거주할 수 있는 부담가능한 주거 환경은 서울이 반드시 책임져야 할 기본 조건이다. 청년과 신혼부부에게는 공공주택을 통해 주거비 부담을 덜어주고, 무주택자에게는 내 집 마련의 충분한 기회를 주고, 중산층에게는 더 나은 주거 이동의 사다리를 제공하는 것이 그 바람직한 방향이다.

서울은 전국 최대의 고령인구가 거주하고 장애인, 만성질환자, 정신건강취약군, 고립·주거취약층 등이 집중돼 있다. 이제 돌봄 역시 가족만의 희생에 맡겨둘 문제가 아니다. 의료·복지·주거·정신건강을 아우르는 통합돌봄을 서울에서부터 선도적으로 구축해야 한다. 서울의 역량이라면 다양한 돌봄 대상의 복합적 요구를 하나로 묶어 서비스하는 대한민국의 표준을 만들 수 있다.

또한 인구와 교통·시설이 밀집된 서울은 사고 발생시 피해가 대형화되기 쉽다. 싱크홀, 지하공간, 노후 인프라, 대규모 행사 등 복합위험이 상존한다. 집중호우와 폭염, 폭설, 지진 등 자연 재난과 화재, 붕괴 등 사회적 재난은 언제든지 발생할 수 있다. 도시 생활에서 안전은 선택이 아닌 기본권이다. 안전 행정은 비용이 아니라 투자이며, 사후적 대응은 한계가 명백하다. 시민의 생명과 신체, 재산 보호를 가장 우선하는 예방 중심의 행정으로 전면화해야 한다.

나는 누구도 혼자가 되지 않고 더불어 성장하는 도시, '연결의 서울'을 꿈꾼다.

도시의 고립은 조용히 진행된다. 혼자 사는 시민이 많아지는 상황이 곧 고립사회를 의미하지는 않는다. 하지만 도움이 필요할 때 연결될 수 없는 사회는 위험하다. 고립과 단절은 개인의 문제가 아니라 도시 설계의 문제다. 시민이 외롭지 않고 행복하게 생활하고 끝까지 존엄하게 살아갈 수 있도록 도시행정과 지역사회가 촘촘히 연결해야 한다.

이동의 불편이 관계의 단절과 삶의 불평등으로 이어지지 않도록 만들고 싶다. 교통은 단순한 이동 수단이 아니라 삶의 질과 도시 경쟁력을 좌우하는 핵심 인프라다. 나는 '짐이 아닌 사람으로, 앉아서 이동하는 서울', '품격 있는 이동이 가능한 서울교통'을 서울의 이동권 기준으로 삼고자 한다. 지역과 지역을 잇고, 기회와 기회를 연결하는 교통 체계는 서울을 하나의 공동체로 만드는 힘이다.

출퇴근의 피로는 하루의 문제로 끝나지 않는다. 이동에 소모되는 시간과 에너지는 가족, 여가, 자기계발의 시간을 잠식한다. 교통은 단순한 편의의 문제가 아니라 삶의 구조를 결정하는 요소다. 연결되지 않은 도시는 결국 기회에서도 단절된다.

더 이상 한쪽만 성장하는 도시로 머물러서는 서울의 지속은 불가능하다. 강남권과 비강남권, 도심과 외곽의 격차는 서울의 활력을 점점 약화시켜 왔다. 이제 서울은 골고루 성장하는 도시, 단핵이 아닌 다핵 구조 도시로 전환되어야 한다. 교통과 재정, 행정과 산업의 배치는 균형 발전이라는 기준 아래 다시 설계되어야 한다.

균형은 함께 커가는 것이다. 특정 지역의 과도한 집중은 다른 지역의 잠재력을 소모시키고, 결국 도시 전체의 역동성을 떨어뜨린다. 서울은 여러 개의 중심이 서로 연결되며 시너지를 만들어내는 도시로 진화해야 한다.

나는 기술이 시민의 삶을 바꾸는 세계 속의 도시, '첨단의 서울'을 꿈꾼다.

AI는 구호가 아니라 정책이고, 행정의 목표가 아니라 방식이어야 한다. 시민의 목소리와 행정 데이터를 연결해 비효율은 줄이고 투명성과 신뢰는 높이는 시민이 주인되는 AI 행정은 서울이 가장 먼저 가야 할 미래다.

기술의 목적은 효율 그 자체가 아니라 사람을 돕는 데 있다. 행정이 기술을 통해 더 빠르게 시민을 이해하고, 더 정확하게 문제를 해결할 수 있다면, 그것은 곧 민주주의의 확장이다. 첨단은 차가운 시스템이 아니라, 따뜻한 행복이어야 한다.

AI·데이터·디지털의 기술이 구현되는 세계 최고의 도시는, 시민의 생활에 불편을 줄여 '하루가 가장 편한 도시'를 만드는 것이 궁극적 목표이다.

서울은 자율주행과 스마트교통체계로 출퇴근 시간을 줄이고 교통 약자의 이동권을 보장하는 도시, 스마트한 주택과 에너지 관리로 비용을 아끼고 집이 가장 안전한 플랫폼이 되는 도시, 디지털 헬스케어와 맞춤형 돌봄 시스템으로 아플 때 더 가깝게 느껴지는 도시, 첨단혁신기술로 새로운 일자리가 생기고 소상공인·자영업자에게 데이터가 지원되는 도시로 거듭나야 한다.

서울은 또한 AI와 로봇, 금융, 바이오·헬스·뷰티, 문화콘텐츠 등 혁신적 기술과 산업의 세계적 선도 도시이다. 국가와 기업의 경제성장을 도시의 기반과 행정시스템이 뒷받침하도록 첨단화하고 그 성과가 골고루 시민의 삶을 개선하도록 이끌어야 한다.

앞서 언급한 사람의 서울, 연결의 서울, 첨단의 서울 위에서 서울은 비로소 '다 함께 잘사는 따뜻한 도시공동체', 그리고 '글로벌 경제·문화 중심도시'로 도약할 수 있다. 서울은 이미 인재와 산업, 문화와 역사라는 충분한 자산을 갖고 있다. 이제 필요한 것은 그 가능성을 훌륭한 시민의 역량에서 찾고 시민의 삶으로 실제 연결하는 설계다.

나는 변화를 말만 하는 것이 아니라, 변화를 만들어내는 체인지 메이커(Change Maker)가 되고자 한다. 나의 이 꿈과 비전은 시민을 위한, 새로운 서울로 향하는 분명한 방향을 가리키고 있다.

서울은 바뀌야 한다. 더 빠르게가 아니라, 더 사람답게 더 도시답게 변해야 한다. 세계인이 앞다퉈 찾아오는 서울, 경제와 문화의 수준이 최상인 도시, 시민의 삶을 최우선하는 행정, 시민을 주인으로 섬기는 시장은 먼 꿈이 아니다. 위대한 서울시민과 함께라면 서울의 새로운 미래는 반드시 만들 수 있다고 확신한다.

함께 잘사는 서울

— 부동산, 강남권·비강남권 균형발전

1

대담자: 첫 대담의 주제는 서울의 영원한 화두 주택 문제입니다. 서울의 부동산 문제, 아울러 강남권과 비강남권의 균형 발전 문제 등에 대해서 전반적인 이야기를 나누도록 하겠습니다. 서울의 부동산 문제가 가장 뜨거운 이슈 아닙니까? 현재 상황이 어떤지, 그 상황이 어떤 문제를 유발하는지, 그리고 대안이 무엇인지 궁금합니다.

박홍근: 집값, 특히 서울의 집값은 늘 대한민국 정치권의 운명을 가를 정도로 매우 예민한 문제입니다. 역대 정부가 바짝 신경을 쓰기는 하지만, 쉽게 해결되지 않는 부분이죠. 우선 현재 상황을 살펴볼까요? 2025년 11월 말 현재 주민등록세대 기준 서울 인구는 930만 6천명, 세대수는 450만입니다. 그리고 행정자료를 활용한 2024년 주택소유 통계 자료에 따르면 2024년 서울의 총가구수는 431만 9천 가구, 주택수는 317만 호입니다. 일반가구 가운데 주택을 소유한 가구 비율을 나타내는 서울지역 가구의 주택소유율

전국 · 서울시의 인구와 가구, 주택의 규모 변화 (2019~2024)

(단위: 천 명, 천 가구, 천 호, %, %p)

시도	연도						2019년 대비		2023년 대비	
	2019년	2020년	2021년	2022년	2023년	2024년	증감	증감률	증감	증감률
총인구(천 명)										
전국	51,779	51,829	51,738	51,692	51,775	51,806	26	0.1	31	0.1
서울	9,640	9,586	9,472	9,417	9,385	9,335	-304	-3.2	-49	-0.5
총가구(천 가구)										
전국	20,891	21,485	22,023	22,383	22,728	22,997	2,106	10.1	269	1.2
서울	4,044	4,127	4,191	4,252	4,298	4,319	275	6.8	21	0.5
총주택(천 호)										
전국	18,127	18,526	18,812	19,156	19,546	19,873	1,746	9.6	326	1.7
서울	2,954	3,015	3,068	3,111	3,155	3,170	216	7.3	15	0.5

자료: 통계청, 2025, 행정자료를 활용한 「2024년 주택소유통계」 결과

은 48.1%로서 전국에서 가장 낮습니다.

공급은 어떻게 되느냐부터 살펴봐야 합니다. 국토교통부 「2024 주거종합계획」 자료를 보면, 2014~2023년 10년간 연평균 서울의 주택 인허가 물량은 7.1만 호였는데, 2023년에는 3.9만 호로 급격하게 줄어듭니다. 오세훈 서울시정에서 주택공급에 큰 문제가 발생한 것입니다. 2025년 9월 7일 「주택공급 확대방안」 자료를 보면 최근 3년간(2022~2024) 서울의 연평균 주택 착공량은 약 3.9만 호입니다. 연 적정 공급량을 6.5만 호라고 할 때, 매년 2.6만 호 정도가 부족한 상황인 거죠. 인허가율, 착공률, 준공률이 모두 전국 평균 미달입니다.[1] 그리고 내년, 내후년, 그 다음해까지 공급 절벽이 예고되는 것이 더 심각한 문제죠.

일반가구수 기준으로 통계청의 2022년 장래가구추계 자료에 따르면, 서울시 가구수는 2038년 427만 6천 가구로 정점에 이르며, 이후에는 감소하여 2052년에는 396만 8천 가구(2022년 대비 -2.8%)까지 감소할 전망입니다. 따라서 2038년까지는 지속적인 주택수요가

1) 인허가율 61.9%, 착공률 57.7%, 준공률 70.5%로 전국 평균(인허가 82.5%, 착공 63.2%, 준공 88.6%)에 미달함.

있습니다. 「2032 서울시 주거종합계획」을 보면, 서울시 중장기 주택수요는 연평균 7.5~7.6만 호로 추정되어 공급이 수요를 따라잡지 못하는 구조가 고착화되고 있죠. 그렇게 본다면 이것이 단순히 공급만 늘린다고 해결될 문제는 아니라는 거죠.

공급과 수요의 본질 – 공급의 양과 질을 모두 중요

대담자: 주택문제를 바라보는 관점 가운데 하나는 공급과 수요입니다. 일반적으로는 서울에서 가구수가 늘어나는데 주택공급량이 그것을 못 따라가서 주택소유율, 자가점유율이 떨어지면서 주택가격이 오른다고 생각하거든요. 이 부분이 맞나요?

박홍근: 가구수 증가와 주택공급 사이 관계는 단순한 문제가 아닙니다. 무턱대고 주택공급량을 늘린다고 주택 문제가 해결되는 것이 아니라는 이야기지요. 그러나 최근 오세훈 시정에서는 주택공급이 매우 부족하여 가구수 증가를 따라가지 못하는 바람에 주택문제가 더욱 악화되었다고 할 수 있습니다. 통계청

박홍근

의 일반가구와 구분거처수 기준으로 2005~2019년 기간 일반가구수는 58만 6,499가구가 증가하였습니다. 반면, 주택수는 63만 6,194호가 증가하여 주택공급이 가구수 증가보다 많았습니다. 그러나 이러한 추세가 최근 들어 반대로 바뀌어 주택수 증가가 따라가지 못하고 있습니다. 2020~2023년 기간 일반가구수가 15만 9,369가구가 증가했는데, 주택수는 10만 59호 늘어나는 데 그쳤습니다. 그 결과 서울시 2024년 자가소유율은 48.1%, 자가점유율은 44.1%에 머물고 있으며, 서울시 주택보급률은 2019년 96.0%를 정점으로 2023년 93.6%로 더 떨어졌습니다.

Q 집값이 오를 때마다 공급 부족 얘기를 계속해 왔잖아요. 기존 정부들은 그럴 때마다 대체로 신도시 개발을 이야기했습니다. 그 부분은 어떻게 생각하시나요?

박홍근: 공급 부족 문제라고 하면 늘 신도시 개발을 우선책으로 내세운 게 사실입니다. 그렇다면 도심지 안에서 공급은 없었나? 그렇지는 않습니다. 앞서 말

한대로 「2024 주거종합계획」을 보면, 윤석열정부 직전까지 서울의 주택공급은 매년 7~8만 호씩 공급됐습니다. 그 숫자를 보면 주택공급이 부족했다고 말할 수는 없어요.

그런데 공급 부족론을 주장하는 사람들은, 여기에 한 가지 단서를 더 답니다. "공급의 양이 중요하냐 질이 중요하냐?" 문제는 여기서 말하는 공급의 질은 '강남권 집'으로 한정된다는 겁니다. 강남권의 집을 늘리는 건 분명히 한계가 있어요. 재개발·재건축밖에 방법이 없다고 봅니다. 다만 어느 정부도 기존의 낡은 집을 재건축·재개발하는 수요에 제대로 대응하지 못한 부분은 인정해야죠. 그 이유는 재건축·재개발이 이해관계가 복잡하고 다양할 뿐만 아니라, 용적률 증가와 공공 기여, 공사비 급등, 조합원 분담금 증가 등으로 갈등과 분쟁이 많기 때문입니다. 근본적으로 조합방식으로 공공의 자산인 용적률 상향에 기댄 사업방식에 따른 한계가 존재합니다.

대담자: 서울시 통계만 봐도 최근 3년 서울시 전체적으로 도시재

생 물량은 확실히 줄었습니다. 신통기획의 효과가 없는 것일까요?

박홍근: 서울시가 지구 지정 계획 발표는 꾸준히 하고 있습니다. 신통기획으로 152곳을 지정했죠. 그러나 그것은 단순히 '지구 지정' 혹은 '계획을 추진하겠다' 정도의 의미일 뿐입니다. 실제 준공이 이루어져 공급된 곳은 없고, 착공단계도 4곳에 불과합니다.

「서울시 도시모니터링 2024」 자료를 보면, 2019년에서 2024년까지 서울 신축허가 연면적은 44.5㎢인데, 2022년 이후 신축허가 면적은 아주 빠르게 줄어든 것을 확실하게 알 수 있습니다.

서울시 건축물 용도별 신축 허가 연면적(2019~2024)

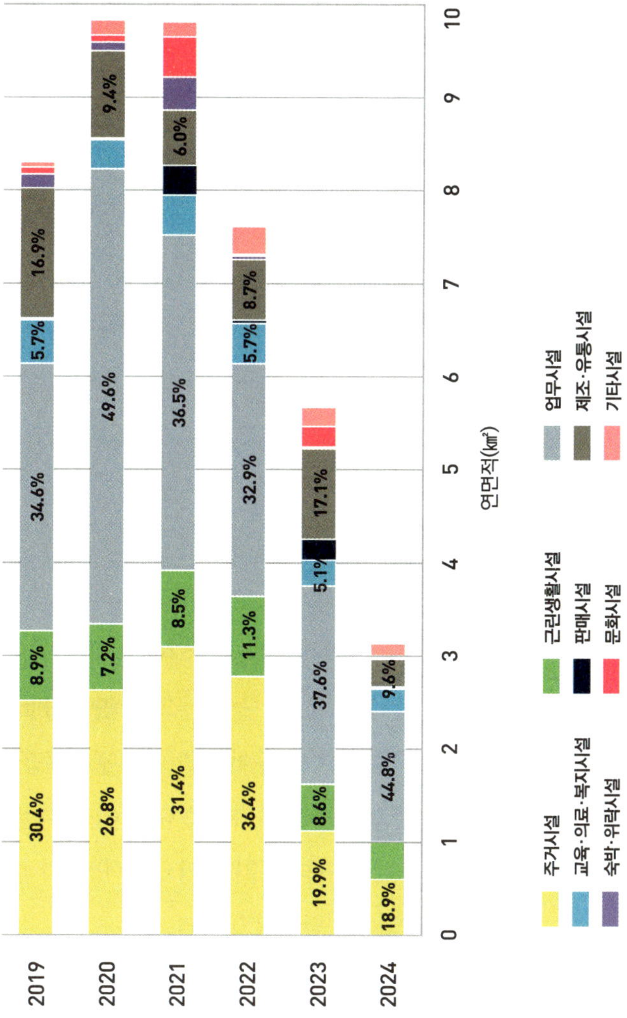

자료: 국토교통부 건축행정시스템, 건축물허가대장, 2024. 11.
출처: 서울시, 도시모니터링 2024

따라서 주택 문제는 단순한 공급만의 문제가 아니며, 서울시장의 강력한 주택정책 추진 의지와 실천 역량, 중앙정부와 정책 협조, 주택의 금융화에 따른 투기적 성향, 자산불평등 경향 등을 종합적으로 고려해야 하는 아주 정교한 전략이 요구되는 분야입니다.

주택의 공급이라고 하면 그냥 집 수가 늘어나면 되는 시대가 있었는데 지금은 그렇지 않습니다. '더 좋은 집'을 원하는 사람들이 늘어났죠. 그런데 그들이 원하는 '더 좋은 집'의 수는 늘지 않았어요. 이런 공급 부족의 질적 측면도 또 살펴볼 필요가 있습니다. 단순히 시장 논리인 수요와 공급 차원에서만 바라볼 수 있는 게 아니라는 것입니다.

실수요자들이 새 아파트를 장만하고 싶은데, 그게 단순히 신축 아파트 입주만을 이야기하는 것이 아닙니다. 강남의 고가 아파트에 들어가고 싶은 사람도 있고, 저렴한 새 아파트로 들어가고 싶은 중산층도 있을 거예요. 작은 크기의 집에서 살다가 더 커다란 집으로 옮기고 싶은 사람도 있을 거고요. 이것이 실수요라면 이 욕망은 정당한 것입니다.

문제는 이것과 대별되는 '투기적 가수요'입니다. 이것은 당연히 정부가 어떤 수단을 써서라도 원천적으로 차단해 나가는 것이 맞습니다. 문제는 지금 서울 부동산 시장에서 투기적 가수요도 많이 작동하는 거 아니냐, 하는 것입니다. 한편으로는 당장 내 집 마련할 형편이 안 되거나, 그런 뜻이 없는 사람도 있습니다. 그런 사람들은 공공 혹은 민간 임대 아파트를 선택할 수 있죠. 이런 걸 종합적으로 보는 것이 중요합니다.

자가점유율과 주택소유율 통계의 함정

대담자: 앞에서 공급은 늘었는데, 자가점유율, 주택소유율이 크게 안 늘었다고 하셨잖아요? 그 원인은 무엇일까요?

박홍근: 어떤 사람은 1인 가구와 2인 가구 비율이 높아져 자가점유율이 높아지지 않았다고 합니다. 일정 부분 맞는 말입니다. 서울시의 「서울시, 시민 가족형태 변화 분석 발표」 자료에 따르면 2024년 기준 서울

의 1인 가구는 약 166만으로 전체의 39.9%, 2인 가구는 26.2%를 차지하여 1~2인 가구가 66.1%로 가장 보편적인 가구형태로 자리 잡았습니다.

그런데 앞서 말한 대로 최근 오세훈 시정 기간을 제외하면 서울시 가구수 증가보다 주택수 증가가 많았지만, 자가점유율은 큰 변화를 보이지 않았습니다. 여기에 최근 들어 가구수 증가를 서울시 주택공급이 따라가지 못하면서 자가점유율 정체가 구조화된 것이지요.

그 이야기는 결국 투기적 수요가 더 많아졌다는 것을 의미합니다. 누군가 투기 수요로 여러 채를 갖고 있다는 것을 뜻하죠. 서울에서는 아무리 집을 신규로 공급한다고 해서 그에 비례해서 자가 소유나 자가 점유가 늘어날 수는 없다는 이야기입니다.

여기서 1인 가구, 2인 가구는 대체로 소득이 낮은 계층 또는 사회 초년생들이 많아지고 있습니다. 부모로부터 물려받은 자산도 없고, 소득이 없는 계층은 주택시장에서 임차밖에 할 수 없죠. 이들이 늘어나는 것은 가구수 증가에는 확실히 영향을 줍니다. 그래서 겉으로는 주택 수요자인 것처럼 보이지만, 실제로는 임차 수요입니다.

대담자: 또 하나는 유효수요를 고민해 볼 수 있겠는데요. 글로벌화된 시장입니다. 강남 주택시장은 최근에 외국인이 매입한 주택수가 2만 호가 넘는 걸로 알고 있습니다. 그렇게 본다면 어차피 우리가 주택을 공급한다고 했을 때의 실수요, 유효수요라고 하는 부분도 사실은 아닐 수도 있어요. 이런 상황은 어떻게 보십니까?

박홍근: 국토교통부의 「외국인 토지·주택 보유통계」 자료에 따르면 2025년 6월 기준으로 외국인이 소유하고 있는 주택은 10만 4,065호이며, 이 가운데 서울에는 23.2%인 2만 4,186호를 외국인이 소유하고 있습니다. 상당수가 강남권에 집중된 것으로 추정할 때, 외국인 주택투자 수요도 무시할 수 없습니다.

이런 상황에서 '공급해라, 공급량을 늘려라.' 이런 거는 단편적인 사고방식일 겁니다. 지금까지는 눈에 보이는 가격 변동성에만 초점을 맞춰 정책을 했어요. 하지만 정책의 본질은 가격 중심의 정책에서 벗어나

실제 시민이 필요로 하는 주거 서비스가 뭘까에 대한 고민이어야 합니다. 주거 안정성과 실질적으로 주민들에게 필요한 주거 서비스에 초점을 맞춰야 하는 거죠. 주택 상향 이동 수요가 있으면 제도적으로 공급하고, 민간 임대차 시장이 임대 서비스 안정을 원하면 그걸 제도적으로 도와주는 거죠. 그걸 '주거권'이라고 말할 수 있겠습니다.

다만 희망하는 것과 가능한 것을 좀 구분할 필요가 있습니다. 예를 들어, 한강 벨트에 100층, 200층짜리 집을 지어줘 봐요. 사람들이 거기에 다 살 수 있을까요? 그건 불가능합니다.

그렇다면 사람들이 가능한 주거 수요는 가장 밑에부터 생각할 필요가 있습니다. 공공임대를 어떻게 확대할 것이냐, 민간 임대주택 시장에서 어떻게 안정적으로 거주하고 주거비 부담을 낮춰줄 수 있을 것이냐죠.

서울 주택 문제의 현실적인 대안

그런 점에서 몇 가지 말씀드리고 싶습니다.

첫째, 서울의 지금 주택값은 너무 부담하기 어려운 수준까지 올랐습니다. 문제는 이것을 어떻게 안정화 하느냐입니다. 결국은 가장 신속하게 그러면서 질 좋은 공공주택을 공급하는 것이죠. 임대건 분양이건 간에, 민간이 하는 것은 시간이 오래 걸립니다. 또 지금 주택시장 건설 경기에 여러 가지 악조건이 있습니다. 그래서 그동안 중앙정부나 서울시가 좀 미온적으로 생각했던 것을 과감하게 바꿔야 합니다. 공공이 주도하는 주택 건설과 공급을 위해서 나서야 합니다.

둘째, 부담가능한 주택 정책을 안착시키는 것입니다. '누구에게 필요한 정책이냐?', '어떤 주택이냐?', '무엇을 위해서 공급할 거냐?' 서울에서의 주택은 이런 부분들이 더 명료하게 정리되어야 하죠. 서울에서 자기 집 마련이 어렵거나, 임대료를 소득에 비해서 너무 과도하게 내는 중·저소득층이 장기간에 양질의 공공주택이나 민간임대주택에서 거주하도록 하는 게 매우 중요한 문제입니다.

그리고 집 한 채를 장만하고 싶은 욕망에는 자산 증식의 측면도 분명히 있기는 합니다. 그걸 부정해서는 안 됩니다. 집을 갖고 있는 사람들이나 집을 사려고 하는 사람들의 당연한 입장이기 때문입니다.

따라서 작은 집이라도 장만하고 싶은, 또는 새집에 들어가고 싶은, 혹은 조금 더 큰 집으로 옮기고 싶은, 실거주 실수요자들에게 걸맞은 공급 대책이 필요합니다. 다만 이걸 공공이 다 할 수 없으니 민간이 좀 더 신속하고 충분히 공급하도록 제도를 설계하는 것이 필요합니다.

셋째, 생애 주기별 맞춤형 공급입니다. 예를 들어, 20~30대 학생이나 직장인은 교통이 편해야 되잖아요. 그리고 당장은 자산이 축적돼 있지 않기 때문에 임대로 들어가는 것이고요. 그러니까 교통 접근성이 편하면서 저렴한 공공임대주택을 얼마나 많이 제공할 거냐가 중요할 것입니다. 40~50대는 집을 장만하고 싶어 하는 사람들이잖아요. 그 사람은 거기서 오랫동안 살고 싶어 하니까, 장기 거주가 가능한 주택을 제공해야 하는 거죠. 그런 점에서 일반적 분양방식이 아닌 지분 적립형 방식을 포함하여 대안적 주택 공급방식도 더욱 적극적으로 추진해야죠. 50~60대는 노후를 안정적으로 보내야 하니까 복지시설과 연계한, 또는 주택연금과 연계한 고령자 복지주택 같은 제도를 운용해야 합니다. 생애 주기별 맞춤형 공급이 제대로 안 되어 있기 때문에 그런 것을 보강할 필요가 있습니다.

넷째, 아파트에 대한 선호가 강함에도 다세대, 연립주택도 살기 좋은 주택, 살기 좋은 주거환경으로 개선해야 합니다. 저층주거 밀집지역은 주차장, 근린공원, 도서관 등 생활인프라가 부족하고, 치안과 안전 등도 취약한 경우가 많습니다. 서울 여러 지역의 균형발전을 위해서도, 아파트와 비아파트 거주환경의 균형을 위해서도 저층주거 밀집지역에 대한 공공의 투자를 늘려야 합니다.

강남권이나 한강 벨트 지역에서 발생한 개발이익을 비강남권과 저층주거 밀집지역에 기반시설과 생활인프라에 투자해야 합니다. 특히 주거환경이 열악한 지역에서 특정 권역만 재개발사업으로 주거환경을 개선할 경우, 인근지역과 연계해 공원, 놀이터, 경로당 등 생활인프라를 공유하여 인근지역 전체의 주거

주거약자지원법
주거유지서비스법
제정
#법제정으로 지원주택 전국시행

여건도 개선해야 합니다.

그리고 마지막으로 투기적 가수요에 대해서는 강력한 대응을 해야 합니다.

효율적인 토지 활용과 적절한 공공 개입

대담자: 공공이 주도하는 주택공급은 개념적으로는 맞고 방향도 좋은데, 과연 땅이 있느냐가 가장 큰 문제인 것 같습니다. 땅이 없으면 기존 주택지나 기존에 이용하고 있는 토지를 사야 됩니다. 땅값이 비싸다, 땅값이 비싸면 주택공급 가격도 비쌀 수밖에 없다. 그런 점에서 부담가능한 주택을 공급하기 좀 어렵다는 거죠. 이 부분은 어떻게 생각하시나요?

박홍근: 놀고 있는 땅을 찾거나 아니면 용도가 달라질 수 있는 국공유지나 시유지를 찾아서 공급할 수밖에 없습니다. 그런 걸 공급할 때만이 부담가능한 주택이 됩니다. 민간 소유의 주택을 매입하는 방법도 있지만, 현실적으로는 풀어야 할 숙제들이 많죠. 경기침체 시기에 대량으로 발생하는 부실채권을 매입

하거나 경공매 과정에 참여해 토지나 주택을 매입해 비축하여(가령 서울토지은행 설립), 안정적으로 주택을 공급할 수 있는 기반을 마련해야 합니다.

민간 부문의 주택공급에 대해서도 생각해볼 수 있습니다. 민간이 재건축·재개발 할 때 자율적으로 해결이 안 되면, 공공이 개입할 수 있는 근거를 만들면 어떨까 싶습니다. 재건축·재개발에는 다양한 이해관계자가 섞여서 사업이 지지부진한 경우가 많거든요. 재건축·재개발 사업이 안 되는 이유 중 하나가 조합원간 분쟁입니다. 이런 이해관계 분쟁 때문에 사업의 진척이 늦어지거나 지연되면 그때 공공이 개입하는 겁니다. 예를 들어, 조합 설립 후 5년 동안 착공을 못한다거나 승인을 못 받는다거나 하면 말이죠. 민간 부문에서 주택공급이 늦춰지거나 가격 급등만 가져오는 문제를 해소하거나 차단하기 위해 공공이 개입할 수 있는 근거를 만들었으면 좋겠습니다.

대담자: 공공 부문의 주택공급 일정은 어떻게 관리할 수 있을까요?

박홍근: 서울에서 공급할 수 있는 최대치가 얼마일까를 뽑아내는 게 우선 생각해야 할 부분입니다. 대개 25만 호 내외로 봅니다. 적게 보면 14만 호. 관리가 문제이지요. 그런데 일반 분양을 하면 안 됩니다. 그렇게 되면 초기 공급 가격은 싸지만, 일정한 전매 제한 기간 지나고 나면 바로 가격이 올라서, 처음에 가격을 저렴하게 공급한 효과가 사라지고 맙니다. 따라서 공공성을 지속적으로 유지하는 게 가장 중요합니다. 그다음에 현실적으로 용도지역제도를 바꾸지 않으면 불가능합니다. 저층주거지, 준공업지 등 토지가격이 비교적 저렴한 지역을 주거와 상업 등 복합용도로 개발할 수 있도록 용도지역제도를 바꿔야 합니다. 적절한 위치에 적절한 가격으로 접근할 수 있는 주거공간을 이 사회를 앞으로 책임질 미래세대와 그리고 돌봄이 필요하면서도 소득이 낮은 고령세대에게 공급하는 방안을 검토해야 합니다.

집값 안정, 그리고 주거 계단(주거 사다리)

대담자: 민간 주택공급 확대와 상향 이동 욕구는 어떻게 충족시킬 수 있을까요? 통칭 '주거 사다리'를 어떻게 만들어줄 거냐는 것이죠? 주거 사다리를 만들어주는 방법은 처음에 자가 소유도 없고, 돈도 없고 그다음에 정부 정책은 항상 대출을 억제하는 방향으로 갈 거니까 현금이 없는 사람은 이제 상향 이동을 못 하는 게 당분간 구조적으로 어쩔 수가 없단 말입니다.

박홍근: 일반분양 방식 일변도의 주택정책을 고수해서는 주거 상향 이동이 여의치 않을 거라고 봅니다. 사회 초년생이나 소득이 낮은 계층이 바로 고가의 주택을 마련할 수 없다고 본다면 공공의 지원을 통한 지분적립형 또는 지분공유형 주택공급과 같은 대안적 주택공급방식도 필요하다고 봅니다. 그리고 이러한 일종의 공공자가주택의 접근성 향상을 위해 서울시에 관련 기금을 만들 필요도 있을 것입니다. 물론 이렇게 생산된 주택은 공공성을 지속적으로 유지하여 후속세대에게도 저렴한 가격으로 계속 공급할 수

있는 주택 재고로 비축하는 게 타당합니다.

여담이지만 저는 '주거 사다리'보다는 '주거 계단'이라는 표현으로 바꾸고 싶습니다. 오르다가 힘이 빠지면 사다리는 떨어질 수 있지만 계단은 앉아서 쉴 수 있습니다. 사실 '주거 사다리'는 영어 '하우징 래더(housing ladder)'를 번역한 것인데, 계단이 더 인간적인 느낌이 들지 않나요? 게다가 '사다리 걷어차기'라는 부정적 용어도 사용되고 있으니 말이죠.

생애 주기별 맞춤형 주택공급계단

대담자: 임차 세대 문제에 대해서는 어떻게 생각하시나요?

박홍근: 우선 적절한 주거 수준에 있는 집을 적절한 부담으로 살게 해주자는 겁니다. 2021년인가요? 그때 물난리가 나고 반지하를 모조리 없앤다는 정책이 나왔습니다. 그런데 지금 3% 정도만 실행된 것으로 알고 있습니다. 1만 세대도 채 못 옮겼거든요.

통계청의 「2024년 인구주택총조사 결과: 등록센서스 방식」 자료에 따르면 서울의 (반)지하와 옥탑 형태의 주택은 171,793호가 있으며, 이들 (반)지하와 옥탑에 거주하는 가구수는 269,994가구에 달합니다.

시도별 (반)지하 및 옥탑 주택, 거주가구 규모(2024년)

(단위: 천 명, 천 가구, 천 호, %, %p)

시도	총주택 (A)	(반)지하 (B)	반지하비율 (B/A×100)	옥탑 (C)	옥탑비율 (C/A×100)	(반)지하 구성비	옥탑 구성비
전국	19,872,674	260,658	1.3	33,908	0.2	100.0	100.0
수도권	9,285,376	253,620	2.7	30,708	0.3	97.3	90.6
서울	3,170,332	148,224	4.7	23,569	0.7	56.9	69.5
시도	일반가구 (A)	(반)지하 (B)	반지하비율 (B/A×100)	옥탑 (C)	옥탑비율 (C/A×100	(반)지하 구성비	옥탑 구성비
전국	22,294,419	398,325	1.8	36,386	0.2	100.0	100.0
수도권	11,019,707	388,177	3.5	32,687	0.3	97.5	89.8
서울	4,159,502	245,194	5.9	24,800	0.6	61.6	68.2

자료: 통계청, 2025, 행정자료를 활용한 「2024년 주택소유통계」 결과

서울시가 비적정 거처를 실태조사해서 주거용도로 계속 쓸 수 있는 집은 급한대로 고쳐서라도 쓰고, 새로운 주거공간으로 이주하는 것이 좋겠다고 판단되는 거처는 옮기도록 하는 대안이 제시돼야 합니다. 현재 임대차 시장 안정을 위해 주거급여제도를 시행하고 있습니다. 임대료는 시장에서 결정하되, 실제 지불하는 임대료는 소득에 연동하여 부담가능한 수준만 내고, 나머지는 주거급여로 보전해주는 방식이 필요합니다. 따라서 중앙정부의 주거비 지원제도인 주거급여제도에다가 서울형 주거급여제도를 추가하면 적절한 대안이 될 것입니다. 이러한 통합형 주거급여제도를 활용해서 임차인이 자기가 살고 싶은 집을 선택하게 하고, 집주인의 경우는 임대하려는 주택을 등록하게 하는 임대주택등록제를 시행해야 합니다. 임대주택으로 등록하게 해서 비적정 거처와 같이 주거 품질이 안 좋으면 해당 주택은 주거급여제도 대상 주택에서 제외시킴으로써 임대주택 품질 유지를 동시에 추구해야 합니다.

집주인도 정부 주거급여와 서울 주거급여를 합치면

임차인의 주거비 미납이나 공실 부담 없이 안정적으로 임대차 관계를 유지할 수 있어서 세입자와 임대자가 상생할 수 있는 임대주택시장이 형성될 수 있다고 봅니다. 서울시 지원형으로 민간 임대차 시장의 공공성을 강화하는 방법이죠.

대담자: 생애 주기 맞춤형 주택은 굉장히 좋은 아이디어 같습니다.

박홍근: 생애 주기별 맞춤형 점유 형태를 서울시가 자연스럽게 연결해주고, 아예 한 사이클로 만들어주자는 것이죠.

젊은 세대는 대부분 임대 세대로의 주거 안정이 중요하죠. 그다음이 상향 이동 세대입니다. 그러고 나면 40~60대 사이는 자가 점유 세대가 되는 거고요. 그때 상향 이동 지원 정책이 제대로 되면 자가 점유 세대는 안정적으로 확보가 됩니다. 마지막이 퇴직 이후 '주택연금 세대'입니다. 퇴직 이후에는 현금 흐름이 발생하지 않으니까, 간병 비용하고 수술 비용 이런 걸 어떻게 조달하느냐 문제가 되죠. 그때 서울시가 서울형 주택연금을 추가로 도입하자는 것입니다.

대담자: 경험상 아무리 저렴한 주택이라도 분양 후 자유롭게 거래하게 하면, 그 효과가 없습니다. 그렇다면 부담가능한 주택은 시장에서 계속 시세보다 싼 주택으로 남도록 제도적 지속성을 어떻게 유지하실 건가요?

박홍근: 부담가능 주택은 공공에서 주도해야 합니다. 공공이 주도하는 부담가능한 주택은 나중에 일반분양형 주택으로 전환하지 않고 서울시에서 지속적으로 가격을 일정하게 유지하는 비축재고주택으로 관리해야 합니다.

문제는 결국 유휴 부지가 있느냐입니다. 2021년도에 민주당이 15만 호[2]를 제안했습니다. 여기에 추가적으로 용산공원도 강남의 수요를 대체할 수 있죠. 육군사관학교를 이전하고 그 부지와 태릉골프장에 주택을 공급하자는 계획도 있었습니다. 서울시 소유이

2) 장기 미집행 공원 용도 변경을 통해서 2만 3천 호, 현재 서울의 영구 임대 아파트 재건축을 통해서 6만 3천 호, 도로 상부 등의 공간을 이용해서 6만호, 그다음에 홍릉 부지를 활용해서 1만 2천 호. 그렇게 15만 호가 가능하다고 합니다.

고 서울과 인접해있는 서울대공원을 활용하자는 의견도 있습니다. 서울대공원 일부와 경마장을 다 합하면 10㎢(약 300만 평) 정도의 땅이 나온다고 합니다. 이 외에도 서울에 밀집한 각 대학의 땅을 활용하여 캠퍼스 하우징을 본격적으로 짓는 방법도 있죠.

녹지 총량제, 그리고 그린벨트

대담자: 훼손된 그린벨트를 활용하자는 의견을 내셨던데요. 이것은 어떤 내용입니까?

박홍근: 그린벨트는 민감한 문제죠. 그동안 이건 아예 건드리지 않는 성역처럼 생각했는데 이미 훼손되어 복구하기 어렵다면 과감한 정책도 필요하다고 봅니다.

문제는 녹지 총량제입니다. 2023년 기준 서울의 용도지역 중 녹지지역 비율은 38.6%(233.4㎢) 수준입니다. 도심 재개발·재건축이 외곽 그린벨트 해제와 병행되며 '총량 유지 원칙'이 사업 지연의 요인으로 작용하기도 합니다.

특히 강북권 외곽 지역은 주택공급 잠재력이 높으나, 녹지 총량제 제약으로 공급이 지연되는 구조입니다. 녹지 보전 원칙을 유지하되, 도심 녹지 확충과 외곽 주택공급을 병행할 수 있도록 용적률·공공기여·토지이용계획 기준을 통합적으로 조정할 필요가 있습니다.

그리고 그냥 녹지가 아닌 좀더 질적으로 녹지를 확보해서 규모건 아니면 밀집도건 이런 것들을 좀 확보해서, 총량제 안에서 유연한 어떤 조정 체계를 갖출 필요가 있습니다.

저는 사람들이 '차 타고 찾아가는 거리의 공원'이 큰 의미가 있나 하는 생각도 합니다. 큰 공원 주변 사람들은 좋겠죠. 하지만 멀리 있는 사람들에게는 가끔 가는 유원지일 뿐입니다. 집 주변의 근린공원이어야 의미가 있는 것이죠. 그게 '5분 녹지권'이죠. 숲세권 같은 얘기죠.

박홍근

주택공급의 새로운 패러다임

대담자: 이제 서울에서 노태우정부 때와 같은 대규모 주택공급은 불가능하다라는 주장도 있습니다. 그 정도의 공급 물량도 어렵겠지만, 공급을 해도 집값 안정이 힘들다는 거죠. 왜냐하면 지금은 주택의 금융화 현상이 심해져서 공급과 상관없이 집값은 오르는 구조로 간다는 주장입니다. 이건 어떻게 생각하시나요?

박홍근: 결국 금융 부문을 통제하지 않으면 구조적으로 해결이 안 됩니다. 집값이 공급 문제로만 결정이 안 되죠. 대량 공급한다고 알아서 해결될 일은 아닙니다.

'서울은 주택보급률이 100%가 안 되니 100%는 넘겨야 할 거 아니냐?' 주장하는 사람도 있어요. 재고주택과 신규주택이 교체되는 걸 고려해서 통상적으로 115% 정도는 돼야 주택을 통제할 수 있다는 게 통념이었거든요.

그런데 주요 선진국의 경험은 21세기 들어 대도시의 주택가격과 임대료가 끊임없이 상승하고 있어요.

2021년에는 베를린 시민들이 민간의 거대 임대사업자의 주택을 몰수하자는 주민투표를 실시하기도 했어요. 이러한 현상을 일컬어서 학계에서는 주거자본주의(residential capitalism)라고 합니다. 거대 글로벌 사모펀드가 주택임대 시장에 진출하고, 담보대출과 임대료 중심으로 약탈적 이윤추구 전략이 지배하는 주택의 금융자산화 경향이 심화되는 체제를 일컫는 말입니다. 이러한 상황에서는 전통적인 주택보급률 개념을 지표로 주택정책을 시행하는 것은 큰 의미가 없을 수도 있습니다. 옛날 개념이 된 것이죠.

주택의 정치화가 문제입니다. 주택정책에서 기존 주택소유자의 이해관계를 지나치게 반영하고, 이들의 이해관계가 정치현실에 지나치게 반영되는 주택소유의 정치화도 새로운 경향입니다. 따라서 일정한 조건하에서는 공공 재건축을 추진할 수 있도록 적극 검토할 필요가 있습니다. 서울에서 결국 안정적으로 공급할 수 있는 곳은 재건축 부지입니다. 재건축 일몰제를 시행하여, 시한까지 재건축 조합원끼리 재건축 결의가 안 되면 공공이 나서서 재건축을 지원하자는 겁니다. 공공 재건축을 하면서 서울시가 재건축 절차와 관리를 투명하게 진행하고, 용적률을 더 주고, 용적률 더 주는 부분은 공공임대로 환수하는 겁니다. 물론 일부는 혜택을 줄 수도 있죠. 또 돈이 부족한 조합원들은 서울시가 재건축 기금을 마련해서 우선 처리를 하고 사후 정산하거나 지분공유주택으로 전환하는 새로운 시스템을 도입할 필요도 있습니다.

재산세 배분 혁신

대담자: 현재 서울시의 재산세 배분방식에 대해서는 어떠한 문제가 있다고 인식하시나요?

박홍근: 2007년 강남구와 강북구의 세수입격차는 14.6배(강남구 2,560억원, 강북구 175억원)였습니다. 그래서 지방세법 제9조에 따라 2008년에 자치구세인 재산세의 50%를 '특별시분 재산세'로 전환하여, 25개 자치구에 균등배분하는 재산세 공동과세 제도가 도입되었습니다. 그런데 재산세 공동과세 도입 후 비

중이 50%로(50:50) 확대된 2010년 강남구와 강북구의 세수입 격차가 4.7배까지 줄어들었으나, 2024년에는 다시 5.3배로 다시 확대되고 있습니다. 이제는 재산세 배분 방식을 획기적으로 바꿔야 합니다. 현재 해당 자치구와 공동과세의 비율이 5:5인데, 7:3까지 개선할 필요가 있다고 봅니다. 여기에 인두세 방식을 추가적으로 고려하여 배분하는 방안도 검토해보면 좋겠습니다. 공공주택에 거주하는 사람 수가 많을수록 재산세 할당을 더 많이 하자는 것입니다. 그러면 공공임대도 늘어나고 주택공급 효과도 있고, 지역 균형발전 효과도 있습니다.

일정액은 구세로 두되 일정액 초과분에 대해서는 구별 인구로 나누어 배분하는 겁니다. 근데 거기에 공공임대주택에 거주하는 사람은 곱하기 2를 해서 가산하자는 겁니다. 그러면 구별 재산세 수입의 격차가 많이 완화될 것입니다. 프랑스 파리 같은 데는 코뮌마다 25% 이상 의무적으로 임대주택을 지으라고 하고 있습니다. 그것을 못 지키면 재정적으로 불이익을 줍니다. 이제 그런 것도 염두에 두어야 합니다.

2025년 기준 서울시 자치구 평균 재정자립도는 26.5%입니다. 서울연구원 분석자료(서울시 조정교부금 산정 방식 및 제도 개편 연구)에 따르면 최근 10년간(2014~2023) 서울시 25개 자치구별 재정자립도 전체 평균은 약 27%며, 10년간 재정자립도가 50%를 넘긴 자치구는 중구, 서초구, 강남구 3구뿐입니다. 강북구, 도봉구, 노원구는 10년간 재정자립도가 각각 평균 15.73%, 16.26%, 14.19%에 불과합니다. 올해 구별 재정자립도가 강남구 54.8%, 서초구 52.6%, 송파구 32.8%, 강북구 15.6%, 중랑구 15.1%, 은평구 15.7%입니다. 최대 약 3.6배 격차(강남구 54.8% vs 중랑구 15.1%)가 나요. GRDP도 보면 강남구가 1인당 1억 8,013만원, 강북구가 1,426만원으로 12.6배나 차이가 나요. 강남구에 국민 평형 84제곱미터의 한 채면 강북권에서 4채, 5채를 사고도 남아요. 이런 상황이니까 강남권에 집 한 채 있는 사람이 강북권의 집 여러 채를 사서 소위 투기적인 행위를 하는 거죠.

강남권과 강북권은 재산세뿐만 아니라 교통·문화·교육 인프라 격차도 너무 심합니다. 그 격차를 줄이기 위해서도 재산세 과세 제도를 고쳐야 할 필요가 있습니다. 7:3까지 획기적으로 고쳐야 하는 거죠. 강남권 세입의 일부를 도시균형발전기금이나 서울형 공동재정조정기금으로 환류해 자치구간 균형 발전과 생활SOC 확충의 재원으로 활용하는 연계 구조가 필요합니다.

비강남권에 더 많은 인프라 투자를

대담자: 노후 저층주거지가 많은 강북권의 재개발 문제에 대해서는 어떻게 생각하시나요?

박홍근: 강북권을 포함하여 비강남권의 재개발은 서울시가 책임지고 공공인프라에 투자를 해야 성과적으로 추진될 수 있습니다. 재개발 조합에서 인프라 구축에 들어가는 비용을 부담하게 되면, 안 그래도 집값도 낮고 또 수요도 많지 않은 데다가 많은 분담금을 내야 되는 문제가 생기죠. 그 부담을 서울시가 줄여주는 것이 중요합니다. 여러 관련 예산을 묶어

강북지역의 재개발 사업의 속도를 낼 수 있도록 지원하는 겁니다.

과거 중앙정부와 서울시가 강남 개발을 위해 파격적으로 지원했던 것처럼 이제는 비강남권 개발을 위해 서울시가 전면에 나서야 합니다. 1972년에는 「특정지구 개발촉진에 관한 임시조치법」을 시행하여 강남에서 토지거래와 사용에 대한 거의 모든 세금을 면제했습니다. 그리고 1975년에는 「한강 이북지역 택지개발 금지조치」를 통해 강북지역에는 아파트도 새로 짓지 못하게 했습니다. 사실 강남은 이렇게 중앙정부와 서울시의 묻지마 투자로 탄생한 지역인데, 오늘날에 와서 그 개발이익을 강남지역만이 독점하려는 상황이 된다면 문제가 아닐 수 없습니다. 이제 그동안 강남 개발을 위해 사실상 방치했던 강북지역 개발을 위해 서울시가 전폭 지원해야 합니다.

서울의 6대 미래 먹거리

— AI(인공지능), BIO(바이오),
Contents(문화) DX(디지털전환),
Energy(에너지), Finance(금융)

2

대담자: 서울의 경제 현황과 문제점, 산업정책과 경제 비전 이야기를 나누겠습니다. 우선 인구 천만 서울 경제의 과거와 현재에 대한 의견을 듣고 싶습니다.

박홍근: 서울 경제는 국내총생산(GDP)이나 전국의 지역내총생산(GRDP)의 약 23%를 차지할 정도의 규모로, 국가경제를 견인하고 있다고 해도 과언이 아닙니다. 2023년 현재 사업체는 120만여 개에 달하고, 종사자도 580만명을 상회할 정도여서 양적으로나 질적으로 전 세계 도시 중 상위 10위권 안에 드는 명실상부한 글로벌 경제 도시라고 말할 수 있겠습니다. 서울은 산업경제의 종합 전시장, 즉 기존 산업들과 첨단기술에 기반한 신산업들이 어우러져 있는 산업적 다양성의 강점도 가지고 있지요. 이런 강점을 지닌 서울 경제의 글로벌 경쟁력을 강화하기 위해서는 한편으로 구산업 영역에서 산업구조를 고도화하고, 다른 한편으로 첨단 신산업 영역에서 기술혁신을 통

해 기업들의 역량을 강화할 수 있게 하는 전략을 깊이 고민해야 할 시점입니다.

물론, 이러한 긍정적 전망에도 불구하고 반드시 해결해야 할 현안들도 적지 않은 것이 사실입니다. 우선 2020년 이후 들어 서울 경제의 성장이 구조적으로 지체되고 있는 데다, 그러한 성장조차 '고용 없는 성장'에 머무르고 있다는 점을 지적하고 싶습니다.

지난 4년을 돌이켜보면 서울의 지역내총생산(GRDP/명목)은 연평균 5.0% 정도의 성장률을 보이고 있는데, 국가의 국내총생산(GDP/명목)이나 전국의 지역내총생산의 연평균 성장률인 5.4%, 5.2% 수준을 하회하는 수준입니다. 2020년 이전 시기에는 서울의 경제가 국가의 경제성장률을 상회하며 견인해 왔는데 말이죠. 이러한 추세는 2020~2023년 동안 사업체와 종사자의 변화를 살펴봐도 마찬가지로, 증가세를 보이는 전국이나 이웃하는 경기 지역과 비교해 서울시는 –0.9%, -0.4%로 감소하는 역성장세가 나타나고 있습니다.

이러한 양적 변화보다 더 문제는 산업구조와 같은 질

국내총생산(GDP)와 서울시 GRDP 추이

구분	2015년	2019년	15-19년	2020년	2023년	20-23년
국내총생산(GDP, 명목)	1,740,776	2,040,594	4.1	2.058.467	2,408.687	5.4
전국 지역내총생산(명목)	1,743,142	2,042,961	4.0	2,062,490	2,404,191	5.2
서울시 지역내총생산(명목)	386,818	465,941	4.8	472,863	547,618	5.0

주요 지역별 사업체 및 종사자 추이

구분		2012년	2019년	12-19년	2020년	2023년	20-23년
사업체 (개)	전국	3.062.461	4.176.549	2.1	6.032.022	6.246.489	1.2
	서울	780,887	823.624	0.8	1.211.053	1,177,287	-0.9
	경기	751,107	934.349	3.2	1.455.644	1,562,116	2.4
종사자 (명)	전국	18.569,256	22.723.272	2.9	24.813.449	25,445,897	0.8
	서울	4.541.393	5.226.997	2.0	5.868.926	5.800.617	-0.4
	경기	4.041.396	5.302.740	4.0	5.886.850	6.187.581	1.7

출처: 통계청, 해당 각 연도 자료 취합하여 정리

적 차원에서의 성장 지체인데, 서울 경제의 미래 성장축이라 할 수 있는 지식서비스업과 첨단제조업이 침체하는 양상을 보입니다. 실제 지식서비스업의 종사자 추세를 살펴보면, 2012~2019년 동안 연평균 2.2%씩 성장을 보이다가 2020~2023년 동안은 연평균 1.7%로 하락하였습니다. 마찬가지로 첨단제조업도 같은 기간 연평균 3.3%의 감소세를 보이고 있습니다(같은 기간 전국과 경기 지역의 첨단제조업은 각각 0.6%, 2.2% 증가). 상당히 뼈아픈 대목이라 하지 않을 수 없습니다.

자연히 이러한 성장 지체는 고용과 일자리 여건의 악화로도 이어지고 있는 것이 최근 서울 경제의 현실이지요. 낮은 실업률을 보면 외견상 고용 여건이 양호해 보이지만, 청년층이나 신중년층과 같은 고용계층의 고용 현실을 들여다보면 여전히 어려운 것이 사실입니다. 2023년을 기준으로 청년층과 고령층 고용률(*취업자수/생산가능인구)은 각각 51.8%, 37.2%로, 전체 고용률인 62.7% 대비 상당히 낮은 수준을 보이고 있습니다. 특히 본인 의사와 무관하게 조기 퇴직

하는 신중년층(50~69세)은 재취업에 대한 의지가 강한데도 협소한 고용 시장과 변화하는 근무 환경으로 인해 상당한 어려움을 겪는 새로운 고용취약계층으로 부상하고 있다는 점에서 각별한 관심과 대책이 필요한 대목입니다.

코로나 팬데믹을 계기로 더욱 악화하고 있는 중소기업, 소상공인의 경영 여건 또한 서울 경제가 직면한 주요 현안이라 하지 않을 수 없습니다. 이는 창업이나 폐업을 둘러싼 현상을 살펴보면 쉽게 확인할 수 있지요. 실제 신규 사업자 대비 폐업자 비율로 가늠해 볼 수 있는 폐업률은 2020년 57%에서 2024년 86.7%로 크게 상승한 모습을 보입니다. 특히 전체 폐업 가운데 37.3%는 이른바 '생활밀접업종'으로 부르는 소매·외식·개인서비스업이 차지해서 소상공인들의 어려운 여건을 쉽게 짐작해 볼 수 있습니다. 역으로 전체 사업체수 대비 창업기업수로 파악할 수 있는 창업률의 경우에는 2020년 25.6% 수준이었는데, 2023년에는 19.5%로 상당히 감소한 모습을 보이고 있습니다. 이러한 중소기업의 어려운 경영 여건, 특

대한민국국회
소상공인 부담 가중시키는
2024 세법개정안 철회 촉구 기자회견
2024. 8. 29. (목) 오전 10시 20분
장소 국회소통관
주최 국회의원 박홍근, 국회의원

상공인·자영업·전통시장
피해 지원을 위한 민생
일시 | 2022
전통시장
이재명
박홍근

히 민생경제의 주축을 이루는 소상공인·자영업자들의 취약한 현실에 대해 더 적극적 관심과 대책이 필요합니다.

서울 경제에서 중소기업을 구성하는 다른 핵심 영역은 의류·봉제, 인쇄·출판, 귀금속·보석, 가죽·가방·신발, 조명장치 등 도심형 산업(제조업)인데, 이들 영역에서도 중소기업의 경영여건 악화의 다른 단면을 확인해 볼 수 있습니다. 서울 경제에서 제조업 전반의 구조적 쇠퇴에도 불구하고 지난 2012~2019년 동안 그나마 -0.6%의 미미한 감소세(종사자 기준)를 보이던 도심형 산업들은 2020~2023년 동안에는 -5.2%에 달하는 상당히 큰 폭의 감소세를 나타내고 있습니다. 물론 이러한 도심형 산업의 쇠퇴 뒤에는 인력의 고령화, 열악한 산업 환경 등 여러 가지 요인들이 중첩되어 있기는 합니다만, 현 시정의 정책관심 영역에서 사실상 배제되었다는 점에서 이들 영역에 대한 재활성화나 구조고도화를 위한 전략적 방안을 심각하게 고민해 봐야 합니다.

마지막으로 강북과 강남 지역 간, 나아가 5개 권역들

사이에 존재하는 뿌리 깊은 불균형 발전도 서울 경제의 주요 현안으로 지적하지 않을 수 없습니다. 동남권을 중심으로 한 지속적인 성장과 대비해 다른 권역들, 특히 동북권과 서북권 지역의 발전 지체는 도시의 경쟁력을 떨어뜨리고 포용사회를 구현하는 데 심각한 장애로 작용할 수 있습니다. 실제, 사업체나 종사자와 같은 경제활동을 대상으로 5개 권역 간 격차를 분석해 보면, 2020년 이후 격차가 더욱 심화되는 모습을 보입니다. 5개 권역별 사업체와 종사자 분포에 대해 변이계수(CV) 분석한 자료를 보면 2012년 0.32, 0.38에서 2018년 0.32, 0.40을 나타내다, 2023년 0.37, 0.43로 증가세를 나타내고 있습니다.[1] 물론, 그간 여러 시정에서 이를 해결하기 위한 노력이 있었던 점은 부인하기 어렵습니다만, 여전히 해소되지 못하고 있고 심지어 최근 들어 더욱 악화되는 양상을 보면, 이 현안이 참으로 어려운 문제인 동시에 반드시 해결해 가야 할 책무라는 생각을 갖게 합니다.

---

1) 이러한 추세는 권역간 종사자 배율(*최다 종사자 권역/최소 종사자 권역) 같은 지표에서 나타내, 사업체 및 종사자 권역간 배율이 2012년 2.82, 3.52, 2018년 2.75, 3.55에서 2023년 2.81, 3.63으로 증가세를 보인다.

불균형 발전 해소 – 축의 변화와 다극 체제

대담자: 말씀하신 여러 현안 가운데 '불균형 발전 문제'가 가장 눈에 띄네요. 사실 이 문제는 서울시가 오랫동안 안고 있는 현안 중의 현안으로 생각됩니다. 이 문제는 여러 각도에서 접근해 풀어가야 한다고 보는데, 어떠한 견해를 가지고 계시는지요?

박홍근: 930만명이 사는 서울에는 25개의 자치구가 있는데, 이들 자치구 간 발전의 격차가 상당하고, 특히 경제활동의 편중이 심해 강남구·중구·영등포구를 필두로 상위 8개구에 전체 산업의 절반 이상이 분포하고 있습니다. 이러한 편중된 구조는 직주근접을 방해해 장거리 출퇴근과 이에 따른 교통혼잡을 야기하는 요소로도 작용합니다. 더욱이 앞서도 말씀드렸듯이 이러한 지역 간 불균형 발전이 완화·해소되기 보다는 날로 심화한다는 점은 문제의 심각성을 가중하는 요인으로 다가옵니다.

결국 중요한 점은 이러한 불균형 발전을 어떻게 완화·해소할 것인가입니다. 지역 간 불균형 발전의 기

저에 경제의 불균형 성장이 놓여 있기는 하지만 단순히 경제적 차원에만 국한된 것이 아닌, 다양한 비경제적 차원이 중첩된 문제로 인식하는 것이 무엇보다 중요합니다.

주거·사회서비스와 같은 사회경제적 요소, 그리고 교통·통신·문화 관련 인프라 등의 물적 요소들이 중첩되어 오늘날의 불균형 발전을 심화시키고 있기 때문에 해결도 난망하고 종합적인 대책이 필수불가결합니다.

궁극적으로 25개 자치구 모두를 균형적으로 발전시키는 것이 가장 바람직하겠으나 실현하기 쉽지 않죠. 현실적 대안은 다소 거시적 수준인 5개 권역을 대상으로 균형발전을 모색하는 접근입니다. 5대 권역을 대상으로 다양한 산업들의 차별적이고 특성화된 성장이 이루어질 수 있게 함으로써 고용·일자리를 창출하는 것이 일차적이고도 핵심적 전략이 되겠지요. 그러나 이러한 권역별 산업 특화 전략에만 의존해서는 안 됩니다. 각 권역에 살고 있는 주민들의 주거, 사회서비스, 교통 및 문화 인프라를 확충하는 종합적인 접근이 균형발전을 실현하는 데 필수 불가결한 요소라는 점을 다시 한번 강조하고 싶습니다. 물론, 이러한 종합적 대책에는 행정적 의지는 기본이고 여기에 더해 막대한 재정적 자원이 반드시 필요하고, 이에 따른 자원 재분배를 수반할 수밖에 없습니다. 당연히 자원의 재분배 과정에는 기득권의 반발이 예상되므로 이를 관철하기 위한 강력한 리더십이 매우 중요해질 것입니다.

지역 간 균형성장을 향한 변화의 첫 번째 방안으로,

서울의 중심을 다변화시키는 것을 검토해봐야 합니다. 지금까지 서울의 중심축은 누가 뭐래도 시청·광화문을 중심으로 하는 도심과 강남권으로 나눠져 있지 않습니까? 그중 역사적 중심지는 도심권으로, 변화의 가장 근본적이고 상징적인 요소로 서울시청의 이전과 같은 방안을 강구해 볼 수 있겠습니다. '시청의 이전을 언급하면 멀쩡한 건물을 두고 왜 이전하느냐?'라고 묻는 사람이 있어요. 그런데 현재 서울시가 8개의 청사를 쓴다는 걸 시민들이 몰라요. 그 임대료가 향후 2054년까지, 약 1조 566억원 정도가 돈이 들어가게 생겼어요. 현재 서울의 주요 기관은 다 흩어져 있고요. 그래서 업무의 비효율성과 예산의 낭비는 더 심화되는 거죠. 결국은 행정 통합과 효율의 극대화를 위해서라도 서울시청 이전은 불가피한 거죠. 보다 중요하게는 서울을 확실한 다극 체제로 바꿔나가야 한다는 것입니다.

역동적 전환경제 – 서울 경제의 미래

대담자: 이제 말씀하신 문제 인식을 바탕으로 서울 경제의 미래에 대한 비전과 전략을 듣고 싶습니다. 서울 경제를 성장·발전시킬 모델이 있으신가요?

박홍근: 앞서도 말씀드린 바와 같이 서울은 국가경제의 1/4에 달하는 규모를 가진 글로벌 도시입니다. 정치지도자라면 당연히 서울을 발전시키기 위해서는 중장기적 관점을 가지고 국가경제에 못지않은 비전과 성장 모델을 가져야 합니다. 과거 새로운 정부가 들어서면 혁신주도형 성장, 소득주도형 성장, 창조경제 등 경제성장을 선도하려는 다양한 정책모델이 있었고, 서울시 차원에서도 희망경제나 스마트경제 모델이나 포용성장 모델 등이 제시된 바 있습니다. 각각의 모델들은 자신들의 경제 비전을 실현하려는 정부의 의지와 전략의 방향을 담았다는 점에서 그 나름대로 의미가 있습니다.

이와 관련한 비전과 전략을 구상하는 데 있어서 현재

우리 사회가 기술변화, 산업구조, 노동시장 등 경제의 거의 모든 측면에 전례 없는 대전환기를 맞이하고 있다는 점을 가장 중요한 환경 요소로 봐야 합니다. 이러한 경제와 산업구조의 대전환에 중장기적 관점을 가지고 적극적으로 대응하는 것이 무엇보다도 중요한 선결과제이므로 서울 경제의 비전이나 전략 또한 여기에 초점을 두어야 하겠습니다.

이러한 인식하에 '역동적 전환경제'라는 경제성장 모델을 검토해볼 필요가 있습니다. 역동적 전환경제는 앞서 말씀드린 서울 경제의 다양한 현안들을 해결해 가면서도 현재 전개되고 있는 경제·사회 전반의 대전환에 대응하려는 것으로, '경제의 양적 성장과 산업구조의 질적 전환을 모색하는 경제를 구현하려는 성장 전략'으로 요약해 볼 수 있겠습니다. 이러한 역동적 전환경제 모델은 3개의 축(발전축)으로 구성될 것입니다. 산업 전반의 혁신역량을 강화하고 미래선도형 첨단기술 기반 산업을 육성하는 '혁신성장', 계층 간 상생발전과 지역 간 균형발전을 모색하는 '포용적 균형발전', 그리고 '지속가능 발전'입니다. 이 역동적 전환경제 모델이 제대로 추진된다면 서울 경제가 '지속 가능한 번영을 통해 아시아의 경제 수도'로 확실히 도약하는 비전을 실현할 수 있지 않지 않을까 싶습니다.

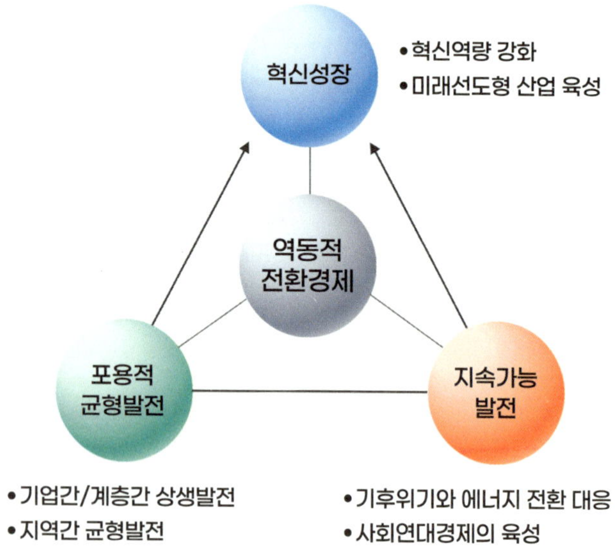

〈서울 경제의 성장 모델〉

AI, BIO, Contents, DX, Energy, Finance – 서울의 6대 미래선도 산업

대담자: 소개하신 '역동적 전환경제' 성장 모델에서 핵심적인 전략으로 어떤 내용들이 있습니까? 조금 더 자세한 설명 부탁드립니다.

박홍근: 이 모델은 앞서 말씀드린 3개의 발전축을 전략적 방향으로 하여 다양한 내용들을 포함하고 있고 앞으로도 더 구체화되어야 합니다. 다만 3개의 축 가운데 혁신성장 전략의 축과 관련된 내용을 중심으로 좀더 말씀드려 보겠습니다.

우선 혁신성장은 거시적 차원에서 두 가지 방향을 고려하고 있습니다. 하나는 첨단 신기술을 중심으로 전개되고 있는 미래선도형 산업을 육성하는 것, 그리고 다른 하나는 기존의 주력산업들을 포함해 산업경제 전반의 혁신역량을 강화하는 것입니다.

미래선도형 산업 육성과 관련해서는 A~F로 구성된 6대 기술과 관련 산업들을 전략적으로 집중 육성해야 합니다.

A는 인공지능(AI) 기술과 로봇 기술을 근간으로 하는 미래산업의 육성 전략입니다. 인공지능 기술은 지난 80년대 이래 급속한 기술발전을 거쳐 현재 4세대의 딥러닝 기반 AI 시대로 진화하고 있습니다. 그 대표적인 것이 오픈AI의 챗GPT와 구글의 Gemini로 대표되는 거대언어모델(LLM) 기반의 대화형 인공지능이라 할 수 있겠습니다. 조만간 고성능 컴퓨팅에 기초해 피지컬AI 시대로 발전해 갈 것으로 전문가들은 예측합니다. 더불어 인공지능과 연계된 게 로봇기술인데, AI 기술과의 융합을 통해 휴머노이드 로봇으로 발전해 가면서 경제와 사회 전반에 막대한 영향을 줄 것이라는 진단이 적지 않습니다. 서울시는 다른 어떤 지역보다도 이처럼 급속 성장하고 있는 AI와 로봇 기술이 발전할 수 있는 산업환경을 갖추고 있어서, 서울시에 AI·로봇 융합형 산업생태계를 육성하는 전략이 필요합니다. 그 중심에 '2040 에어로 루트(AIRo Route) 조성' 등의 프로젝트들이 놓여 있는데, 이를 통해 '국가 AI로봇 산업의 전진기지화'는 물론이고 '아시아 AI 수도'로 도약할 수 있기를 기대해 봅

니다.

B는 미래 첨단 신기술의 핵심 영역으로 각광을 받고 있는 바이오(BIO) 분야입니다. 이 분야는 전통적인 제약이나 헬스 관련 분야 외에도 최근 급성장하고 있는 ADC(항체-약물 접합체)와 같은 바이오 플랫폼 기술, 유전자 치료기술, 비만·당뇨·치매 치료제 시장과 디지털 헬스 시장의 성장, 유전자 치료기술 등 다양한 기술 분야도 파생되면서 시장이 엄청나게 성장하고 있는 산업입니다. 최근에는 AI 의료나 뷰티(피부미용 등) 산업과도 연계되는 추세도 나타나고 있고요. 이런 점에서 서울시에서는 대학 내 관련 연구기관이나 대학병원 등의 막대한 자원을 활용해 바이오-헬스-뷰티 산업을 아우르는 융합형 산업생태계를 구축할 수 있다고 봅니다.

C는 콘텐츠(Contents) 산업 분야로 현재 K-콘텐츠라는 용어 속에 함축되어 있듯이 전 세계로 뻗어가는 국가의 문화콘텐츠 산업을 서울이 선도하는 실정입니다. 콘텐츠산업과 관련된 활동들의 거의 절반은 서울에 있다고 해도 과언이 아닐 겁니다. 이렇게 K-콘

텐츠를 선도하고 있는 S-콘텐츠를 토대로 서울시가 '문화콘텐츠 산업의 글로벌 허브'로 도약할 수 있는 다양한 방안을 강구해야 합니다.

D는 디지털 전환(DX)과 관련된 것으로, 앞의 인공지능 기술 외에도 사물인터넷이나 빅데이터, 확장현실(XR), 디지털트윈, 업무프로세스자동화(RPA) 등의 디지털 전환을 견인하는 핵심 기술을 말합니다. 이들 기술을 기반으로 하는 산업을 육성하는 것은 물론이고, 이 디지털 전환을 산업 전반에 확산시킴으로써 산업경제 전반의 혁신역량을 강화하려는 것이 전략의 주요 내용이라 할 수 있습니다. 이를 위해서는 경제계 등 각계각층의 관심과 협력, 정책적 노력이 필요하다고 봅니다.

E는 에너지(Energy) 기술과 관련된 것으로, 21세기 인류의 난제로 다가온 기후위기와 함께 최근 대두되는 인공지능 확산으로 급증하는 에너지 수요에 대비해 에너지의 수급·관리 환경을 조성하고 환경친화적인 산업시스템으로 전환을 모색하는 전략에 해당합니다.

마지막으로 F는 금융(Finance)과 관련된 분야로, 금융산업은 전통적으로 서울 경제의 주력산업의 하나로 기여해 왔습니다. 다만 최근 들어 금융산업이 질적 전환, 즉 전통적인 오프라인 기반에서 탈피해 디지털 금융(디지털뱅킹, 디지털자산, 블록체인, 스테이블코인 등) 시스템으로 전환되고 있는데, 이러한 전환을 고려해 서울을 디지털 금융의 글로벌 중심지로 도약시키는 것과 함께 이를 뒷받침할 수 있도록 핀테크 등 디지털 금융 관련 스타트업을 적극 육성해야 합니다.

미래 선도형 신산업 육성도 중요하지만 파괴적 기술혁신(disruptive innovation)이 지배하고 있는 대전환기에 경제환경의 변화에 적응할 수 있도록 산업 전반의 혁신역량을 강화해 가는 정책도 매우 중요합니다. 지역 간 균형발전과 마찬가지로 산업부문 간에도 균형적 성장이 필요하기 때문이지요.

산업 전반의 혁신역량 강화라는 정책방향에서 보면 기존 주력산업들은 경제환경이나 기술변화에 적응하는 데 상대적으로 취약하다는 점을 고려할 필요가 있습니다. 그런 만큼 주력산업 분야, 특히 중소기업이나 소상공인도 다양한 노력을 통해 혁신역량을 강화하는 것이 이 시대에 필수적인데, 그러한 노력의 중심에 산업의 디지털 전환(DX)이 놓여 있다고 봅니다. 단순히 스마트보드나 키오스크 설치, 디지털 결제시스템 도입, 전자상거래 등의 도입은 말할 것도 없고, 라이브커머스 제작, 디지털 기술을 활용한 매장 관리나 카달로그 제작, 가상스토어 같은 디지털 혁신을 적극 도입되어야 할 시대가 되었습니다. 이를 통해 외부 환경의 변화를 잘 수용하는 것은 물론이고 새로운 비즈니스 모델을 통해 더 많은 부가가치를 창출할 것으로 봅니다. 이러한 디지털 전환 과정이 촉진될 수 있도록 서울시가 나서서 다양한 지원방안을 강구하는 것이 효과적일 수 있다고 봅니다.

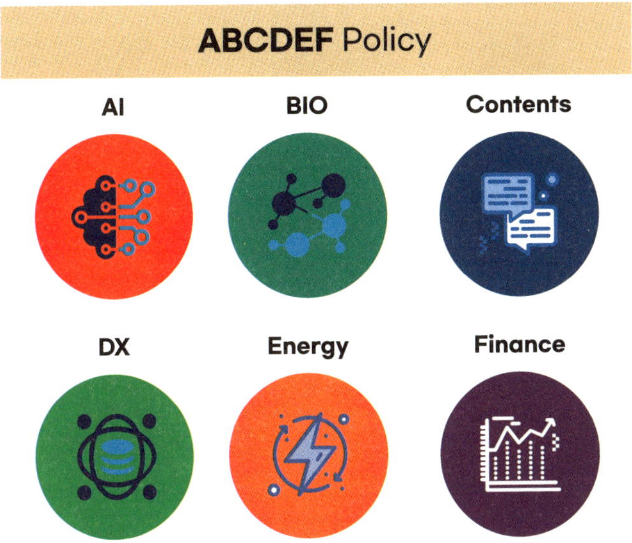

〈서울시의 6대 미래선도형 산업〉

금융 허브, 바이오·헬스·뷰티 벨트

대담자: 현재 서울에는 금융산업이나 문화산업, 바이오·헬스산업 등과 관련된 다수의 기관이나 시설들이 있습니다. 이들을 어떻게 연계하고 집적화하는 게 좋을까요?

박홍근: 지금 서울시에는 금융·문화·바이오와 관련된 선도적 기업이나 연구기관이 다수 입지하고 있고, 이것이 서울 경제의 강점 가운데 하나로 작용하고 있습니다. 그런 만큼 이들을 어떻게 집적하고 지원할 것인가는 서울시 정책의 핵심과제입니다. 누군가는 더 이상 행정수도에 대해 연연할 필요 없이, 과감하게 경제·문화 수도로 나가자고 말할 정도입니다. 하지만 그러기 위해서는 수도권이고 서울이라는 이유로 부과되는 제도적 역차별 문제도 반드시 해결해야 합니다. 이러한 역차별을 합리적으로 재정비하고 규제를 풀어야 할 것은 풀어야 경제·문화 수도로서의 위상을 재정립할 수 있을 것입니다.

먼저 금융 이야기를 해보죠. 앞으로 북극항로 시대가 열리면 미국·러시아·중국·일본과의 관계에서 대한민국이 새로운 허브 역할을 맡게 될 것입니다. 싱가포르나 홍콩은 예전 같은 금융중심지 위상을 유지하기가 쉽지 않을 테고, 도쿄도 위상이 추락하고 있는 것은 마찬가지지요. 이런 대외환경 변화 속에 이제는 서울이 글로벌 금융허브로 도약할 수 있는 충분한 여건이 성숙하고 있습니다. 그러니 금융 관련 기관을 지방에 내려보내는 것만이 능사가 아닙니다. 국제 금융 시장으로서의 허브 역할을 제대로 하려면 서울에서 더 고도화하고 집적화해야 합니다. 금융의 중심지인 도심부와 여의도, 강남의 위상을 더욱 강화하고, 디지털 금융으로 전환되는 추세를 고려해 핀테크 산업도 집중 육성해야 합니다. 누가 뭐래도 서울은 금융과 관련 인프라·인력 등 제반 조건이 다 갖춰져 있는 최적의 도시라 할 수 있겠습니다.

다만 글로벌 금융허브 전략이 생각만큼 쉬운 것은 아닙니다. 금융은 통화의 흐름과 네트워킹을 근간으로 하고, 또 선진국 간 통화 패권을 둘러싼 경쟁이 치열한 산업이어서 중앙정부조차 통제하기 쉽지 않은 분야입니다. 말할 것도 없이 지방정부 차원에서는 그 흐름의 결절점을 만드는 것이 여간 과제가 아닐 수 없지요. 정책의지만 가지고 실현할 수 있는 일은 아니라는 의미이지요.

사실 글로벌 금융허브 전략은 용어는 다르지만, 2000년대 초반 이명박 전 시장 시절 서울시 산업정책의 핵심 의제였던 '국제 금융도시' 전략으로 추진한 바 있습니다. 당시 뉴욕·런던·동경 같은 도시들이 글로벌 수위도시로 명성을 구가한 데는 이들 도시 모두 글로벌 금융의 중심지 위상을 가졌기 때문입니다. 그런데 흥미로운 점은 글로벌 금융 중심지 위상은 아이러니하게도 금융 자체에 있기보다는 경제의 기초(Fundamental), 산업경제에 있다는 것이 다수 전문가의 진단이었죠. 첨단제조업이나 지식서비스업과 같은 선도적 산업들의 기초가 튼튼한 도시를 중심으로 금융이 유입되는 가운데 글로벌 네트워킹의 결절점이 형성되면서 금융의 중심지가 되었다는 분석입니다. 이러한 구조에서 볼 때 글로벌 금융허브를 실현하기 위해서는 사실 산업의 경쟁력을 강화하는 것이 선결조건이어서 그만큼 쉽지 않은 목표입니다. 하지만 그나마 다른 지역보다는 서울시와 같은 산업 경쟁력을 갖춘 글로벌 도시에서 실현 가능하다고 봅니다.

글로벌 금융허브 조성과 관련해 금융시스템이 전통적인 오프라인 기반에서 이른바 온라인이나 모바일 기반의 디지털 금융으로 전환되고 있는 거대한 흐름을 잘 수용할 필요가 있습니다. 산업통계를 살펴보더라도 전통적인 금융보험업들은 구조적으로 감소세를 보이는 반면, 디지털화된 금융산업 부문들이 성장하고 있고, 그 일환으로 핀테크 관련 스타트업도 빠른 성장세를 보이고 있습니다.

앞으로 여의도 국회의사당을 세종시로 이전하지 않습니까? 그러면 그 넓은 부지를 어떻게 해야 할까요? 일각에서는 아파트 공급 얘기를 했는데, 그러한 방향은 바람직하지 않습니다. 이전 적지를 활용해 서울 경제의 산업적 기반을 강화하는 데 활용하는 것이 적절합니다. 이러한 방향하에 국회의사당 이전 적지는 여의도가 가지는 산업적 특성과 여건을 고려해 금융산업의 새로운 허브, 즉 디지털 금융 허브로 조성하는 전략을 강구해 볼 수 있습니다. 이를 통해 기존 금융 관련 기관들은 물론이고 현재 빠른 성장세를 보이는 디지털 금융 관련 기업들, 핀테크 스타트업들이 사업할 수 있는 환경을 제공하고, 이 기업들의 성장을 통해 지역 간 균형성장도 도모하는 선순환을 창출할 수 있다고 봅니다.

대담자: 미래형 산업을 이야기할 때 간과할 수 없는 중요한 분야가 바이오산업입니다. 서울시는 바이오산업을 위해 어떤 역할을 해야 할까요? 바이오 하면 보통 원주·오송 먼저 떠올리는데요. 서울에도 바이오 연구단지가 있지 않나요?

박홍근: 우선 바이오산업의 여건을 간단히 짚어볼 필요가 있습니다. 앞서 간단히 언급하기도 했지만 주로 제약회사를 중심으로 신약 개발에 한정되던 바이오산업이 최근에 ADC 기술을 포함해 바이오 플랫폼 기술의 확대, 유전자 치료, AI 기반 진단 및 신약 개발, 디지털 헬스 등 다양한 분야로 시장이 확대되는 중입니다. 이 외 삼성바이오로직스나 셀트리온과 같이 의약품 위탁생산(CDMO) 등 바이오 제조 분야도 급성장하고 있는 추세고요. 이러한 바이오산업 구조에서 보면 원주나 오송과 같은 지방은 의약품 제조나 의료기기 제조와 같은 분야로 특성화하고, 서울은 관련 대학·대학병원·연구기관 등의 자원이 풍부한 강

점을 활용해 신약 개발이나 임상과 진단, 바이오테크 개발, 디지털 헬스, 안티에이징(anti-aging) 등의 분야로 특성화하는 역할 분담이 바람직합니다.

이러한 산업구조가 자리한 가운데 그간 국내 유능한 인재들이 모두 의대로 몰려든 탓인지 최근 바이오산업에서 큰 성과가 나오고 있습니다. 따라서 미래 산업성장에 대한 기대감이 여느 산업보다 큽니다.

주목할 점은 이러한 바이오산업은 신약개발이나 혁신적 바이오 테크를 개발할 때 기업 내 독자적인 연구개발, 폐쇄적인 사업시스템으로는 성과를 낼 수 없고, 기업 간 제휴, 인수합병, 기술이전 등 이른바 개방형 혁신에 많이 의존한다는 점입니다. 이 산업을 전략적으로 육성하려면 여러 방안을 통해 이러한 개방형 혁신이 활성화될 수 있도록 환경을 만들어 주는 것이 공공이 해야 할 중요한 역할 아닌가 합니다.

이러한 점에서 기업들의 집적이나 연계를 촉진하는 산업지원시설도 효과적인 전략이라 할 수 있겠는데, 현재 홍릉에 서울시가 운영하는 서울바이오허브라는 시설이 운영되고 있습니다. (구)농촌경제연구원이 이전하면서 생긴 부지를 바이오 지원시설로 설치한 것인데, 규모가 그리 크지는 않습니다. 인근에 유수 대학들과 한국과학기술원(KIST)과 같은 연구기관이 입지하고 있고, 한방시장으로 유명한 경동시장도 멀지 않아서 입지 이점이 있습니다. 경동시장은 한때 서울시 주요 클러스터 활성화 제도인 특정개발진흥지구제 지정을 시도한 적도 있고요.

앞으로 서울 경제의 성장을 견인할 한 축이 될 바이오 산업 육성을 위해 정책을 대대적으로 확대해야 한다고 봅니다. 그리하여 홍릉 바이오 클러스터의 연장선에서 현재 이전이 모색되고 있는 노원구 상계동의 창동차량기지 이전 적지를 적극 활용해야 합니다. 일차적으로 이전 적지에 글로벌 수준의 바이오 클러스터를 조성하여 인근 대학이나 의료기관과 연계하자는 것입니다. 필요하다면 허브 내에 대학병원과 같은 거점 기관을 유치해 다양한 연구기관이나 혁신적 스타트업이 몰려들 수 있게 하는 방안도 적극 추진하고요. 물론, 전체 전략을 차량기지에만 한정하지 않고, 앞서 언급한 홍릉의 바이오허브나 동대문 한방지구 등

인근의 관련 클러스터들과 연계해 외연을 확장해 가야 합니다. 이는 위로 상계로부터 홍릉(바이오), 동대문(한방), 그리고 아래로는 성수(뷰티)로 이어지는 메가 클러스터를 조성하는 전략이 될 것입니다. 시정의 역량을 모아 이러한 프로젝트를 성공적으로 추진하면 바이오산업 자체의 성장은 물론이고, 산업적으로 취약한 강북의 균형발전에도 기여할 수 있지 않을까 기대해 봅니다

서울을 세계적 문화 수도로

대담자: 이번에는 문화에 관한 비전을 들어볼까요?

박홍근: 서울은 어려운 경제 여건 속에서도 국내 콘텐츠산업의 선도적 거점으로 국가경제에 기여해왔고, 최근에는 글로벌 허브로도 도약해 가고 있다는 점을 강조하고 싶습니다. 세계로 뻗어가고 있는 K-팝, K-드라마가 전 세계인의 주목을 받고 있고, 일종의 신드롬과 같은 '케데헌 이펙트'가 이를 단적으로

증명합니다. 이러한 산업적 위상을 더욱 강화하고 콘텐츠 기업들의 글로벌화를 가속할 수 있게 하는 것이 서울시가 해야 할 주요 과제가 아닌가 합니다.

다만 문화콘텐츠 산업 내부를 들여다보면 다양한 장르가 있고, 장르마다 상이한 여건과 성장 격차가 있기 때문에 전략적 관점이 필요하다고 봅니다. 말하자면 전략형 콘텐츠산업을 집중 육성하는 것이 정책효과가 크다고 할 수 있습니다. 서울은 이미 웹툰·영상·게임·음악 등에서 세계적인 강점을 지녔습니다. 이 4대 분야를 우선적으로 집중 육성하고, 그 성장세가 다른 장르로도 계속 확산하도록 다단계 발전전략을 모색해야 합니다. '케데헌 현상'에서 볼 수 있듯이 성공하는 좋은 콘텐츠의 개발이 관광산업의 성공으로 이어지는 그러한 선순환 구조가 이에 해당한다고 볼 수 있습니다.

이때 전략 추진에서 고려해야 할 중요한 요소로, IP(지식재산권)를 기반으로 한 융합형 콘텐츠 생태계 접근을 강조하고 싶습니다. 소설이나 웹툰에서 발굴된 창의적 IP 하나가 엄청난 가치를 창출하고, 나아가 다양한 콘텐츠로 재창조되는, 이른바 원소스 멀티유스(OSMU) 비즈니스가 콘텐츠산업의 중요한 특성이라는 점에서 보면 이는 매우 중요한 요소라 할 수 있습니다. 과거처럼 개별 장르로만 분리해서 정책을 추진하기보다는 앞으로는 다양한 소설과 웹툰, 영상, 게임 등을 서로 분리하지 않고 서로 연계되고 융합될 수 있게 하는 정책이 효과적일 수밖에 없는 이유도 여기에 있지요. 그렇게 함으로써 유망한 IP를 중심으로 다양한 콘텐츠 기업들이 서로 연계하여 공동 제작하거나 특정한 장르의 콘텐츠를 다른 장르로 재제작하는 비즈니스가 활성화될 수 있다고 봅니다. 그리고 이러한 IP 기반 융합형 생태계가 활성화되려면 관련된 기업이나 기관들이 집적화할 수 있는 클러스터 제도가 필요한 것은 두말할 나위가 없고요. 새로운 시설을 조성하는 것이 필요하겠으나, 콘텐츠 관련 주체들이나 기관들이 많이 몰려있는 지역 인근의 노후시설 등을 재활용하는 것도 효과적인 방안으로 봅니다. 아마도 이러한 다양한 정책들이 효과를 발휘하면 '글로벌 문화 수도 서울'이 실현될 수 있지 않을까 기대합니다.

서울을 국가 AI 산업의 전진기지로

대담자: 바야흐로 AI 시대입니다. 서울시는 AI 산업 관련해서 어떤 방향으로 나아가야 한다고 생각하시는지요?

박홍근: 워낙 변화가 빠른 시대에 살고 있어서 미래를 섣불리 예단하기는 쉽지 않은 것이 사실입니다. 기술변화는 특히 그러하고요. 그렇지만 선행했던 다른 산업의 과거를 살펴보면 기술발전이나 산업화의 경로를 약간 예상해 볼 수 있지 않을까요. 다소 조심스럽지만 성격상 IT산업이 그 좋은 예가 되지 않을까 생각합니다. IT산업은 20세기 중반 기술이 출현한 이후, 한동안 점진적 기술발전과 산업화의 기간을 거치다가 20세기 후반 인터넷 시대를 맞이해 짧은 기간에 비약적인 기술발전에 힘입어 폭발적인 산업 성장을 나타낸, 일종의 나이키형 발전경로를 보였습니다. 현재 상당한 기술발전을 토대로 산업화의 초기 단계에

있는 인공지능 기술과 관련 산업화도 아마 이러한 발전경로를 보이지 않을까 예상해봅니다.

인공지능 기술은 1950년대 처음 용어가 출현한 이후, 1980년대에 1세대를 시작으로 머신러닝 시대를 거쳐, 2010년대 딥러닝 기술 기반의 인공지능 시대(4세대)로 꾸준한 기술발전이 있었습니다. 2016년 구글 딥마인드에서 개발한 바둑 인공지능인 '알파고'가 등장해 사회적 센세이션을 일으킨 것도 이 시기이지요. 현재는 대화형 인공지능인 거대언어모델(LLM)을 중심으로 한 생성형 AI 기술이 급속도로 발전하고 있는데, 그 정점에 오픈AI의 챗GPT나 구글의 Gemini, xAI의 Grok 등이 있습니다.

기술이 어느 순간 특이점을 넘으면, 완만하게 진행되던 산업화가 폭발적으로 성장하는 순간이 올 것으로 봅니다. 아울러 로봇 기술 및 산업과도 융합되면서 이러한 산업발전을 더욱 가속화될 것으로 보고요. 최근 산업계에서 인공지능의 미래로 주목을 받는 피지컬(Physical) AI나 로봇의 미래로 각광을 받는 자율주행이나 휴머노이드는 모두 양대 기술간 융합의 산물이라 할 수 있습니다.

서울시는 이러한 산업발전 경로를 고려해 지금부터 중장기 관점을 가지고 산업화를 유도하고 촉진할 수 있도록 준비해 가야 합니다. 특히 인공지능과 같은 하이테크 기반, 지식집약적 산업은 해당 산업에 걸맞은 우수 인적자원과 연구개발 환경을 뒷받침하는 것이 무엇보다 중요합니다. 그런 점에서 우리의 국가경제 안에서 이를 수용할 수 있는 기반과 여건을 가진 서울보다 경쟁우위를 지닌 지역이 어디에 있겠습니까? 유수 대학과 그 안에서 활동하는 우수인력과 연구기관, 그리고 개발된 기술을 사용할 수 있는 소비시장 등 모든 게 서울을 국가 AI 산업의 유일한 전진기지가 될 수 있게 하는 기반입니다.

아울러 서울은 AI의 기반인 데이터의 관점에서도 국가 AI 산업을 선도할 수 있는 최적의 지역으로 볼 수 있습니다. 통상 AI 기술의 3대 요소로 보는 것이 알고리즘과 모델, 고성능의 컴퓨팅, 그리고 데이터인데, 그 가운데 데이터에서 경쟁우위를 가지고 있지요. 1천만명에 가까운 인구, 그리고 수많은 다양한 기업과 기관에서 매일 쏟아내는 빅데이터들은 AI 산업이라는 엔진이 최고의 성능을 발휘할 수 있게 하는 연료와 같은 역할을 할 수 있습니다. 서울시는 이러한 데이터 확보가 원활하게 이루어질 수 있게 하고, 연구개발이나 사업에 필요한 장소와 자금을 지원해 주고, 유용한 기술은 도와주고, 실패를 딛고 재기할 기회를 제공하는 역할을 하면 됩니다.

대담자: 하지만 AI 기술에 취약한 계층이 있지 않습니까? 기술에 뒤떨어지면 일자리가 없어지고, 그렇게 되면 또 경제적으로 하층민이 되고. 계층적 차이가 점점 심해지는 것은 어떻게 해결할 수 있을까요?

박홍근: AI는 이미 시민 삶 속으로 들어와 직간접적으로 많은 영향을 미치고 있습니다. AI를 능숙하게 다루는 사람들은 이미 많은 부를 획득했거나 획득할 기회를 얻고 있습니다. 하지만 그렇지 못한 사람들은 일자리가 없어질 걱정을 해야 하는 시대가 되었습니다. 서울시는 직업구조나 고용시장에서의 그러한 변

화를 지속적으로 모니터링하고 그 과정에서 생겨나는 일자리의 전환이 자연스럽게 이루어질 수 있도록 행정적으로 지원해 줘야 합니다. 산업경제의 대전환기를 맞이해 일종의 사회적 적응 시스템을 만들어주는 것이라 할 수 있습니다.

맥락이 조금 다르기는 합니다만, 사회적 적응의 관점에서 보면 현재 서울의 대다수를 차지하고 있는 서비스 산업과 도심 제조업을 어떻게 할 것이냐도 서울시 산업정책에서 주요 현안이라 할 수 있습니다. 아울러 청년들을 중심으로 벤처 창업, 스타트업을 서울시 차원에서 어떻게 활성화할 것인가도 과제이고요.

도심형 산업(제조업)이 가지는 현재의 도전은 지체된 기술발전 속에 노후한 산업환경과 산업인력의 고령화에서 찾을 수 있습니다. 산업인력의 고령화와 관련해 재숙련화를 지원하거나 재교육을 통해 업종 전환을 유도하는 게 주요 과제입니다. 그게 도심형 산업의 생산성을 높이는 궁극적 비결이라 할 수 있겠지요. 더 적극적으로는 도심형 산업으로 창의적인 청년

인력이 유입하도록 해서 산업인력의 선순환을 창출하는게 근본적인 해법일 것입니다. 물론 이것이 가능하려면 도심부의 열악한 산업환경을 보다 창조적 환경으로 재정비해야 하고, 필요하다면 콘텐츠산업과 같이 청년들이 선호하는 다른 산업과도 연계를 강화하는 노력도 필요해 보입니다.

기후대응과 에너지 수급 전략

대담자: 이제는 빼놓을 수 없는 '기후대응'에 관해서 이야기해 보죠. 사람들은 현 시대를 '기후변화'가 아닌 '기후위기'의 시대로 보고 있습니다. 당연히 이 의제는 국가뿐 아니라 서울시, 그리고 서울시민 차원에서도 공동 대응해야 할 과제입니다. 서울 경제 차원에서도 지속 가능 발전을 둘러싼 많은 과제가 있을 텐데요. 이 부분에 대해서 어떤 고민과 정책을 생각하시는지요?

박홍근: 기후위기는 이제 다른 나라 이야기도 미래세대의 문제도 아닙니다. 당장 매년 우리 사회는 폭우, 폭풍, 폭염, 산불 등 수많은 재해를 겪고 있지요.

한국형 IRA 제정을 위한 1차 토론회
글로벌 산업정
|일 시| 2023년 4월 12일(수) 오전 10시 |장 소|

위기 시대,
의 부활과 한국의 대응
|관 제7간담회실 | 주 최 | 정의로운 녹색전환 국회 포럼, 국회기후변화포럼

기후변화 대응은 이제 선택이 아니라 필수인 시대가 되었습니다. 기후변화가 기후위기로까지 치닫고 있는 가운데 환경친화적이고 에너지절감형의 경제·사회로 전환을 위한 활동들, 가령 '저감'(mitigation)과 '적응'(adaptation) 정책과 관련 활동들은 글로벌 규범으로 확립되고 있다는 점은 누구도 부인하기 어렵습니다.

시민들은 소비자 입장에서 지속가능성에 대한 인식이 더 성숙해져 환경을 생각하지 않은 기업들에는 구매를 기피하는 '가치소비'가 늘고 있고, 투자자 입장에서도 '사회적 책임투자'를 하는 시대에 접어들었습니다. 기업들 또한 ESG 경영은 점차 거스를 수 없는 경영환경 요소가 되고 있고, RE100을 실천해야 경영이 지속 가능해지는 경제환경이 전개되는 실정입니다. 이러한 시대전환에 직면해 규모가 작은 중소기업은 변화에 적응하기 쉽지 않은 것도 현실입니다. 서울시는 이런 변화를 잘 파악하고, 산업 영역 특히 중소기업들이 ESG 경영이나 RE100 등을 적극 수용할 수 있도록 교육하고, 전문가도 양성하고 필요한 기업에 대해서는 재정적 지원도 적극 모색해야 한다고 봅니다. 이것은 공공 영역에서 해결해야 할 일입니다.

아시다시피 기후위기를 심화하는 주요 요인 가운데 하나는 에너지 수급과 관련되어 있습니다. 화석연료가 초래하는 위기는 에너지 고갈은 물론이고 각종 재해·재난을 초래하는 주범으로 사회문제화된 지 오래입니다. 최근에는 인공지능 기술의 발전에 따른 에너지 수급 문제도 크게 대두되고 있습니다. 인공지능을 구동하기 위한 핵심 인프라로서 AI 데이터센터가 엄청난 에너지를 소모하는 '에너지과소비형 산업인프라'라는 사실에서 비롯합니다. 실제, AI 데이터센터는 기존의 일반 데이터센터와 비교해 막대한 에너지를 소모합니다(*다음 박스를 참조). 아마존, 구글, 마이크로소프트, 메타와 같은 빅테크 기업들, 이른바 하이퍼스케일러들은 100MW를 넘는 전력을 소비하는 대규모의 AI 데이터센터를 설치하는 것으로 알려지고 있습니다. 이러한 에너지 수요가 증가할수록 우리 사회가 대비해야 하는 에너지 공급도 기하급수적으로 증가할 것이 쉽게 예상됩니다.

AI 데이터센터 설치를 둘러싼 에너지 수급 이슈

○ 생성형 AI의 확산으로 데이터센터 수요가 빠르게 증가함에 따라 향후 전력망(Grid), 배전, 발전소 및 재생에너지 공급이 핵심 요소 부상

○ 해외의 하이퍼스케일러와 마찬가지로 향후 국내에서도 정부 및 국내 대기업을 중심으로 AI 데이터센터 관련 사업을 추진할 것으로 예상되는데, 특히 학습형 AI 시대를 지나 추론형 AI 시대가 도래하면 다수 기업들이 AI 데이터센터를 설치할 것으로 예상

○ 데이터센터 규모별 전력소비 : 하이퍼스케일러의 AI 데이터센터는 100MW 이상

- 중형 데이터센터 : 20~500MW/h
- 대형 데이터센터 : 100MW/h(연간 환산 8.76GWh, 25만 가구의 연간 전력소비량에 해당)
- 초대형 데이터센터 : 1GW/h(연간 환간 8.87TWh, 서울시 전체 연간 전략소비량)

서울 경제 또한 다가올 인공지능 전환과 AI 산업의 육성을 고려하면 적절한 에너지 수급 시스템을 마련

하는 것이 중요한 과제라 할 수 있습니다. 더욱이 현재의 학습형 AI 단계를 지나 추론형 AI, 서비스 AI가 대세가 되는 단계가 오면 도시형·엣지형 데이터센터가 지속적으로 확대됨으로써 에너지 수요는 급증할 것입니다.[2] 이러한 상황을 생각하면 서울시 차원의 효율적인 에너지 수급관리를 위한 종합적인 대책이 마련하는 것도 중요한 일이 되겠지요. 에너지 기술 전문가들과 함께 신재생에너지의 생산, 에너지저장 시스템(ESS), 가상발전소(Virtual Power Plant) 등의 기술을 활용한 에너지 시스템, 즉 분산형·엣지형·열회수형 에너지 수급 관리체계를 적극 강구해야 할 것입니다.

2) 하이퍼스케일러들이 설치하면 대형이나 초대형 데이터센터 규모는 아니지만, 중형 수준의 도시형·엣지형 데이터 센터(1MW~20MW)의 설치가 급증할 것으로 예상된다.

2019
스태프 노동자 근로조건

생바람!
선상황 중간점검 간담회
지로위원회, 민주노총서울
대노동조합 방송스태프지부
을지키는민생실
박 홍

문화 수도 서울

— 문화, 예술, 관광

3

대담자: 서울시민의 삶을 품격 있게 드높일 문화정책 이야기를 나눠봤으면 합니다. 서울시 문화정책 현황을 읽을 수 있는 규모나 통계가 있을까요? 그것을 바탕으로 문화정책 방향을 제시해 주시겠습니까?

박홍근: 서울시 문화통계를 다양한 층위에서 살펴보면서 그 대안적 정책을 모색해 보겠습니다.

서울시 문화예산부터 말씀드릴게요. 서울시 2025년 총예산이 48조 1,145천억원입니다. 그중 문화예산이 2.3% 정도입니다. 문화기반시설은 공공과 민간을 합하여 25개 자치구 합산 1,100개소(도서관·공연장·도서관·전시관·문화센터 등)가 있습니다.

그런데 집행기관인 서울문화재단의 문화예산 집행구조는 여전히 불균형적입니다. 문화경제학의 핵심가치라 할 수 있는 예술의 공동체성, 윤리적 가치, 정성적 평가의 제도화, 예술가의 내재적 동기 보호, 예술노동의 구조적 안정성 등은 서울시 문화예술부문 집행예산 구조 속에서 매우 제한된 비중만을 차지하고 있습니다. 따라서 2.3% 수준의 서울시 문화예산의 전면적 증액과 단기성 사업에 집중되어 있는 집행예산의 구조적 재편이 시급합니다.

서울시 문화예산 현황(관광 포함, 2024 기준)

구분	수치	비고
전체 문화예술·관광 예산	1조 8,000억원	전년 대비 약 5% 증가
문화기반시설 총수	약 1,100개	25개 자치구 합산 (공공, 민간)
연간 증가율	+4.7%	지속 증가세 (문화재단 사업 확대)

출처: 서울열린데이터 광장

서울시 문화예산 재원 및 집행구조도 살펴보겠습니다. 서울시 문화예산의 재원 배분구조는 시 본청이 60%(문화본부 세출예산안 6,266억원. 2025), 자치구 분담 및 특별회계가 25%, 국비 및 공공기금이 10%, 민간협력기금(기부·후원 등)이 5% 수준입니다. 정부 등의 지원금 규모는 전체의 10% 수준에 불과하므로 정부기금 유치 확대가 필요합니다. 민간 후원 기반 사회지원도 5% 내외로 낮은 수준에 머물고 있습니다. 따라서 '기부 명분, 조직체계, 프로그램'을 갖춘 3박자 기부마케팅 전략을 구사해야 합니다.

서울시 문화예산 재원 배분구조(2023 추정)

구분	비중(%)	출처 / 비고
시 본청(일반회계)	약 60	서울시 예산 기준 추정
자치구 부담 및 특별회계	약 25	자치구 문화회관 운영비 포함
국비 및 공공기금	약 10	문체부·관광공사 보조
민간협력(기부·후원)	약 5	기업 협약형 문화사업

서울시민의 문화복지 및 생활문화 지표를 보겠습니다. 2023년 서울시 문화복지 및 생활문화 지표를 살펴보면, 문화누리카드 및 청년문화패스 수혜자는 약 21.5만명입니다. 노년층 문화복지 프로그램은 780개였고요. 서울시 고령자 비율(65세 이상)은 19.4%, 독

거노인은 52만명으로 집계됩니다. 이렇게 수치를 놓고 보니 노년층에 대한 규모 있는 문화적 접근 대책이 요구된다는 게 체감되죠. 문화누리카드를 적극 확대하고, 청년층, 노년층의 문화접근성 향상을 함께 추진해야 합니다. 청년과 노인 부문 '생활문화권' 개선정책은 문화향유 시설과 복지콘텐츠를 확대하여 서울시민의 삶과 도시공간의 품격을 높이는 수단으로 발전해야 합니다.

서울시 문화접근성(체험율 및 향유율)도 보겠습니다. 2023년 청년층의 문화활동 참여율은 68.5%, 생활문화공간 이용률은 28% 수준입니다. 생활문화공간 이용률을 높일 필요성이 보이죠. 거주지 인접범위 도보 15분 내에 접근 가능한 공연장, 박물관, 미술관, 생활문화공간, 문화의집, 레저시설, 헬스뷰티케어, 문화콘텐츠 소비공간, 디지털콘텐츠 등 다양한 시설의 구축이 요구됩니다. 그런데 지역별 문화 격차가 커요. 노원·중랑·영등포·강서 지역이 열악합니다. 문화 거점 시설들이 이 지역에 집중해야 할 이유가 되는 거죠. 더불어 거주지 주변 문화시설을 쉽게 확인할 수 있는 '생활문화 콘텐츠 맵(Map)'을 개발해야 합니다. 그렇게 사용자 편리성과 접근성을 강화해야 하죠.

문화향유 관련 주요 지표(2023)

지표	전체	20-29세	비고
문화활동 참여율	68.5%	70%	코로나 이후 회복세
박물관 관람률	64%	72.4%	서울문화재단 조사
도서관 이용률	55%	58%	중남·강북권 낮음
생활문화공간 이용률	28%	34%	청년층 비중 높음

출처: 서울 열린 데이터 광장, 해당 각 항목 취합하여 정리

서울시 예술인 규모와 생계 상황은 열악합니다. 서울시 예술인 수는 2023년 약 62,940명(전국 176,224명)입니다. 한국예술인복지재단 통계 기준 전국 예술활동증명자의 35%를 차지하는 수치입니다. 이 중 전업 예술인의 중위소득은 연 2,200만원, 겸업자 포함 평균소득은 1,700만원 수준입니다. 다중직업 비율은 31%로, 전업 예술인으로서 생계를 유지하기 어려운 상황임을 보여줍니다. 서울시 예술인의 경제적 기반

제10회 어울림 예술단 발표회
일시 : 2023년 12월 16일 (토) 오후 1시 장소 : 중랑구 동일로 123길 73 지층
주관·주최 : 어울림 예술단, 대한어울림예술협회

을 강화하기 위해 창작비·복지비·역량지원 예산 확대가 필요합니다.

서울 25개 자치구의 문화시설은 종로·강남권에 집중되어 있으며, 노원·중랑·영등포·강서구 등은 문화시설 접근성이 매우 낮습니다. 따라서 낙후 지역 중심으로 문화서비스의 균형을 찾는 작업이 요구됩니다. 서울 문화서비스의 불균형과 격차를 해소하는 지역간 불균형 해소 및 생활문화 인프라 확충이 주요한 과제입니다.

서울시 문화예산 집행현황을 볼까요. 통계에 따르면 서울시 문화부문 집행예산의 78.8%가 발표지원 등 지원사업에 집중되어 있습니다. 문화예술인들이 생계와 복지 그리고 역량강화(3.3%)에 대한 지원이 취약함을 알 수 있죠. 지금까지 서울시 문화예술 지원사업은 단기·발표 중심에 편중되어 있으며, 가치지향(공공예술/공동체/정성평가/자율형 지원/복지)의 면에서도 균형적이지 않았습니다. 특별히 생활문화, 직장인 예술가들에 대한 배려가 필요합니다. 현행 발표 지원 사업비를 낮추고, 창작자 역량강화 및 작품준비와 예술인복지 지원비중을 확대하고 생활예술 및 직장인예술 지원 항목 신설이 필요합니다.

서울시 예술지원사업의 가치지향적 정책 방향도 살펴볼 필요가 있습니다. 공유가치를 향해서 공공기관이 어떤 역할을 해야 하는지 고민하는 것이 중요하기 때문입니다. 서울시가 그 부분에 투여한 문화예산은 18.8% 수준입니다. 공익적 가치를 확산하기 위한 노력이 작은 겁니다. 현재 가치지향 예술지원사업은 18.8%에서 30% 목표로 상향 조정해야 합니다.

축제, 도시의 품격

대담자: '도시의 품격은 축제의 수준으로 드러난다'는 말이 있습니다. 삼바축제 같은 전 세계적으로 유명한 축제들이 그 도시의 품격을 드러내죠. 서울의 축제는 어떠할까요? 서울의 품격을 전 세계에 드러낼 수 있을까요?

박홍근: 서울은 대한민국의 수도이자, 세계 문화의 교차점입니다. 한강과 산, 역사와 현대가 공존하는 서울은 이미 글로벌 도시로서 충분한 인프라와 인적 자산, 관광자원을 보유하고 있습니다. 그러나 서울의 축제를 세계에 자신 있게 내보일 수 있을까요?

축제는 단순한 이벤트가 아니라, 도시의 철학과 비전을 시민과 세계에 전달하는 '문화정책의 결정체'이며, 시민 통합의 플랫폼입니다. 최근 10년간 서울의 축제는 양적 확대에도 도시 정체성의 통합, 시민참여의 심화, 지역 간 균형발전이라는 세 가지 핵심 가치에서는 미흡함을 드러내고 있습니다.

우선, 계절·장르별 불균형과 콘텐츠의 획일화를 말할 수 있습니다. 서울의 축제는 봄과 가을에 집중되어 있어요. 여의도 봄꽃축제, 서울거리예술축제, 서울세계불꽃축제 등이 대표적이죠. 이 축제들은 도시브랜드의 상징으로 자리 잡았으나, 여름과 겨울에는 혹서기·혹한기를 이유로 한시적 이벤트에 의존하는 경향이 강합니다.

그리고 공연·퍼레이드 중심의 축제 구조로 인해 생활

문화·첨단기술 융합형 콘텐츠의 비중이 낮습니다. 시민 참여 여지는 축소되고, 관람 위주의 소비형 행사로 전락하는 경우가 많습니다.

무엇보다 서울에 글로벌 축제라고 부를 만한 것이 별로 없습니다. 불꽃축제, K-팝(K-POP) 콘서트 등에 외국인이 일부 메가이벤트에만 집중된 것이 현실이죠. 서울이 글로벌 도시라고 하는데 축제를 찾는 외국인 비중이 작다고 볼 수 있습니다.

더 큰 문제는 25개 자치구 축제의 불균형 구조라고 생각합니다. 각 자치구의 경제적 상황 등 여러 이유로 축제에 투입되는 비용, 축제 횟수 차이가 극명하게 드러납니다. 도심권(42개)과 동남권(36개)의 축제 수가 차이가 납니다. 지난 10년간 서울시 25개 자치구의 축제 분포를 보면, 문화 집중구(종로·중구·강남·마포 등)와 문화 소외구(도봉·금천·강북·중랑 등)의 격차가 뚜렷합니다. 이는 예산·인프라·관광자원의 불균형뿐 아니라, 자치구의 기획 역량과 시 차원의 전략적 지원 부족에서 비롯된 문제입니다. 이제 축제도 균형을 찾아야 할 때입니다.

많은 자치구 축제가 서울시 주도 축제의 하위 프로그램으로 종속되어 독자적인 브랜드를 형성하지 못하고 있습니다. 서울시 축제정책은 '도심 중심형 관광 축제'에서 '지역 주도형 문화플랫폼'으로 방향을 전환해야 하며, 지역별 축제를 권역별 문화축으로 연계하여 도시 전체가 살아 움직이는 구조로 재편해야 합니다.

한편 구 단위가 아니라 동 단위까지 축제가 많이 생기고 있습니다. 문제는 숫자보다 질이죠. 무분별하고 남발되는 축제, 콘텐츠는 떨어지면서 열리는 축제가 문제죠. 양적 팽창뿐만 아니라 질적 수준 경쟁력을 높이는 것도 필요하죠.
각 자치구에서 자발적으로 하는 축제는, 문화생활 향유이므로 적극적으로 권장할 일입니다. 그러나 무리하게 예산을 쏟아붓는 것은 소모성이 있기 때문에 관리도 해야 하죠. 결국은 각 구에서 하고 있는 좋은 모델을 더 키우는 방식으로 지원하는 거죠. 그리고 서울의 대표적인 축제, 글로벌 축제로 키워나가야 합니다.

대담자: 축제에도 지역적 격차가 드러나다니 씁쓸한 현상이로군요. 그건 차치하고 서울이 전 세계를 대표하는 축제를 선보이려면 어떤 전략을 세워야 할까요?

박홍근: 세계의 성공적 축제들에서 교훈을 얻어야겠지요. 몇 가지 예를 들어 보겠습니다. '에든버러 프린지(영국)'는 도시 전체가 공연장으로 변하는 '열린 플랫폼형 축제'로, 신진 예술인을 세계 시장에 연결합니다. '베니스 비엔날레(이탈리아)'는 120년의 전통 속에서 예술·건축·도시재생을 결합해 도시의 철학을 세계에 제시합니다. '리우 카니발(브라질)'은 300년의 시민참여 전통 위에 공동체 결속을 강화하며, "리우=카니발"이라는 국가 브랜드를 창출했습니다. 'SXSW(미국)'는 예술·음악·기술을 융합해 도시를 '혁신의 상징'으로 만들었고, '옥토버페스트(독일)'는 전통문화와 관광산업을 결합해 매년 1조원이 넘는 지역경제 효과를 창출하고 있습니다.

이들 축제의 공통점은 정체성, 지속성, 시민참여, 지역경제 순환에 있습니다. 축제가 단순한 소비 이벤트

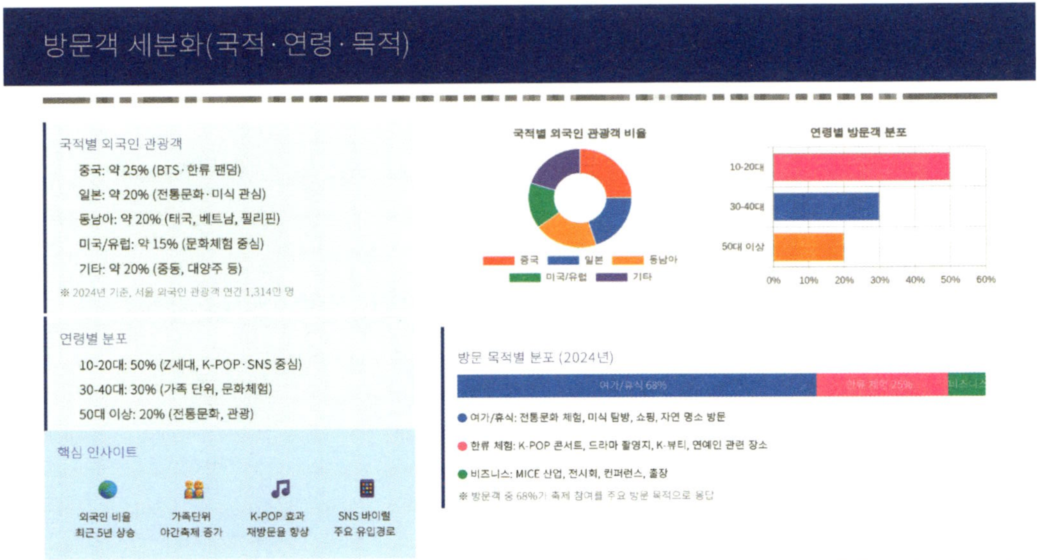

출처: 관광지식정보시스템 각 해당 내용 통계자료 취합하여 작성

권역별 문화격차 개관

서울시 5대 권역 구분

- 도심권: 종로구, 중구, 용산구
- 동남권: 강남구, 서초구, 송파구, 강동구
- 서북권: 은평구, 서대문구, 마포구
- 동북권: 성동구, 광진구, 동대문구, 중랑구, 성북구, 강북구, 도봉구, 노원구
- 서남권: 양천구, 강서구, 구로구, 금천구, 영등포구, 동작구, 관악구

문화시설 밀집도 기준 히트맵

● 매우 높음 ● 높음 ● 중간 ● 낮음 ● 매우 낮음

권역별 문화격차 지표

권역	문화시설	축제 수	외국인 방문
도심권	7.97개	다수	30%+
동남권	1.87개	중간	20%
서북권	2.00개	중간	15%
동북권	1.68개	소수	5%
서남권	1.58개	소수	8%

격차의 원인 분석

- 예산 격차: 도심권/강남권 vs 동북권/서남권 (최대 5배)
- 인프라 격차: 종로구(48개) vs 중랑구/강북구(1개 내외)
- 접근성 격차: 지하철 노선 밀집도, 관광 동선 차이

문화격차 시사점

- 도심·강남권 고집중 vs 동북·서남권 저밀도
- 외국인 방문 극심한 지역 편중
- 예산 및 인프라 격차 최대 5배

출처: 각 지자체별 해당 내용 취합하여 작성

가 아닌, 도시의 철학, 경제, 기술적 비전을 담아내는 종합적인 정책 캔버스임을 보여주는 것이죠.

서울시 역시 '단발성 이벤트'를 넘어, 세계가 찾는 정체성 있는 주제, 시민이 주체가 되는 운영 시스템, 지역과 산업이 연결되는 순환 구조를 구축해야 합니다.

서울은 'K-culture 캐피탈 서울'이라는 도시브랜드를 지향으로 삼아야 합니다. 국가 브랜드를 구현하는 도구로서 축제를 바라봐야죠. 현재 서울시 정책의 한계들은 지나치게 관광 중심이라는 거죠. 그러다 보니까 지역의 문화를 담아내지 못합니다. 지역성이 없죠. 지역 주민의 참여가 떨어질 수밖에 없습니다.

거기다 서울시가 조력자로서 역할을 넘어서려고 한다는 것입니다. 서울시 본인이 자꾸 주인공이 되고 싶어 해요. 25개 지자체를 지원하고 응원하는 방식으로 정책으로 만들어야 하는데, 그러지 못하죠. 시민이 주도하는 것을 문화 생태계의 핵심 축으로 해야 합니다. 지속성을 담보하기 위해서 시민이 만드는 축제도 로컬이 글로컬이 될 수 있도록 만들어야 합니다.

글로벌 축제의 핵심은 체류 관광입니다. 체류한다는

건 돈을 많이 쓸 기회를 제공하는 것입니다. 야간 관광, 야간 축제를 많이 활성화할 필요가 있습니다. AI를 활용, 계절별 이벤트, 외국인 맞춤형 서비스 등에 초점을 맞춰야 합니다.

그리고 특정 축제에 갔을 때 그다음 문화상품이나 관광상품을 연계할 수 있는 플랫폼이 현재는 없습니다. 그것만 잘 활용해도 외국인 눈높이에 맞는 축제를 만들 수 있죠.

대담자: 외국인 관광객 숫자를 늘리자는 것은 서울시뿐 아니라 국가 전체의 목표 아닙니까? 그럼 그에 대한 구체적인 전략이 있을까요?

박홍근: 구체적인 숫자를 놓고 전략을 짜는 것이 중요하죠. 현재 외국인이 연간 1,600만~1,700만명 온다고 알고 있습니다. 저는 장기적으로 2030년까지 목표를 2,000만명으로 보고 전략을 세우는 게 어떨까 생각해요. 구체적으로 숫자가 정해지면 더 구체적인

대처 방안이 나오죠. 축제가 늘어나면 당연히 경제적 효과도 있습니다. 일자리도 창출되고 관련 산업도 발전하죠. 2030년까지는 대표 글로벌 축제를 서울시가 3개 보유하는 전략을 표방해야죠. 외국인 관광객 2,000만 시대를 과감히 선언해야 합니다. 서울은 문화예술로 세계를 연결하는 도시, 시민이 주인공인 축제의 수도로 거듭나야 합니다.

서울시 (기초)문화예술 인프라 강화

대담자: 주제를 바꿔볼까요? 지금까지 서울시가 문화예술 혹은 콘텐츠에 대한 뚜렷한 정책이나 비전을 시민에게 잘 전달하고 있지 않다는 의견이 있습니다. 그 부분은 어떻게 생각하시는지요?

박홍근: 몇 가지 조사 통계(「2024 서울시민 문화향유 실태조사」, 「2024 국민문화예술활동조사」)를 보면 대체로 유사한 관람 경험을 보여주고 있습니다. 도시화로 인구 집중률이 높고 문화예술 인프라와 조직이 밀집해 있는 만큼 서울시민의 문화예술행사 관람기

회가 상대적으로 높습니다. 다만 이것이 만족스러운 수준인지, 혹은 충분한 수준인지에 대해서는 더 많은 논의가 필요하겠죠.

서울시는 서울문화재단이, 25개 자치구 중 23개구에는 자치구문화재단(강서구, 용산구 제외) 또는 자치구 문화체육회관(서대문구)이 운영 중입니다. 전문 문화예술 인프라로 세종문화회관도 서울시 산하로 운영 중입니다. 세종문화회관에는 8개 서울시 예술단(서울시국악관현악단, 서울시청소년국악단, 서울시무용단, 서울시뮤지컬단, 서울시합창단, 서울시소년소녀합창단, 서울시오페라단, 서울시극단)이 소속되어 있습니다. 그런데 2023년 서울유스오케스트라가 운영 중단되었고, 2024년 서울시 발레단이 단장과 단원이 없는 프로덕션 기반으로 창단되었습니다. 서울시향은 1999년 세종문화회관으로부터 독립한 별도 법인으로 운영 중입니다. 대부분의 기관은 대체로 추천위원회를 거쳐 수장을 임명하도록 하고 있으나 이는 요식에 그치고 지자체장인 서울시장의 인선에 좌우된다는 것이 중론입니다. 특히 공연 분야와 관련해서는 말이 많죠. 따라서 시민의 문화향유 충족이나 기관의 임무와 비전 달성과 같은 전문적 성과 창출보다는 임명과 임기 연장이 주요한 관심사로 대두되는 것이 현실입니다.

또 서울시 소속 예술단의 경우 인력과 예산의 규모가 미미하고 서울시민을 위한 혜택 발굴에 적극적이지 않으며 예술성과 상업성을 인정받고 있지도 못한 것이 현실입니다. 제한적인 규모와 인력풀에 그치면서 예술인의 일자리 창출이라는 역할에도 기여를 인정받지 못하고 있습니다. 서울시는 2025년 기준, 서울문화재단에 530억원, 세종문화회관에 460억원, 서울시향에 210억원을 출연하고 있고, 이 외에도 문화예술교육센터 조성 및 운영, 서울연극창작센터와 서울형 창작극장 운영, 민간축제 지원 육성 사업 등에 예산을 투입하고 있습니다. 서울시의 2025년 총 예산 48조원 중 체육, 관광, 역사문화를 제외한 문화예술은 대략 4,400억원으로 분석되는데 공연과 관련한 항목은 별도로 세밀한 추적이 요구됩니다. 서울시의 공연예술 관련 예산은 예술인과 예술단체, 지원기관

천만영화 감독들 마침내 국회로 : 정당한 보상을 논하다
022년 8월 31일 수요일 10시 국회 의원회관 대회의실
주최/주관 : 한국영화감독조합(DGK),유 정주 의원실
정당한 보상
영상창작자
PRESS

의 종사자, 수혜자인 시민에게 영향을 끼치지만 실제 체감도는 영화나 대중음악, 미술 전시회보다 미미한 것으로 조사됩니다.

대담자: 서울시 소속의 예술단에 속한 예술인들의 처우는 어떠한가요?

박홍근: 서울시 소속의 8개 예술단은 인력과 예산의 규모가 매우 작습니다. 이게 서울 시민을 위한 혜택이냐 아니냐 혹은 서울시의 정체성에 도움이 되느냐 이런 얘기들도 긍정적이지는 못한 형편이에요. 게다가 이런 예술단이 예술성 혹은 상업성도 다른 유사 단체에 비해서 인정받고 있느냐 여기에 대해서도 논란이 있습니다.
아마 예술단의 공연들을 보신 적이 없을 거예요. 대부분 주목받는 공연들이 아니었거든요. 그리고 여기서 더 큰 문제는 이런 활동이 제한되다 보니까 참여 인력도 내세울 게 못 되고 그러다 보니 일자리 창출에 과연 기여하느냐 거기에도 미진한 형편입니다.

대담자: 그렇다면 문화예술인들을 위한 정책은 어떤 것이 필요할까요?

박홍근: 첫째로는 이 문화예술인들을 위한 선명한 지원 정책을 한번 만들어보는 것이죠. 지금 문화예술인은 상당수가 수입이 적어요. 그래서 겸직을 많이 합니다. 그리고 고용 관계에서 항상 '을'이에요. 언제 잘릴지 늘 불안에 떨어야 한다는 것이죠. 좋은 처우는 기대도 못 하고, 최근에는 안전문제 이슈까지 부각되고 있습니다.

경기도는 문화예술인 기본소득(기회소득)을 시행하고 있습니다. 경기문화재단을 통해 2023년부터 시행한 〈경기도 예술인 기회소득〉은 예술인에 대해 연 150만원을 지급합니다. 3년간 지속했는데, 예술인의 소속감과 존중감을 높였다고 분석됩니다. 서울시에서 이를 시행한다면, 그 파장과 효과는 더욱 클 것으로 기대됩니다.

또 하나가 공정계약체결 의무화입니다. 문화예술분야 표준계약서가 서울시에서 적용되고 있는지 조사하고, 더욱 강화된 서울시 예술인 공정계약서안을 만드는 것이죠. 출연진, 창작자, 스태프 등으로 구분해 제시하고 권고하는 것을 추진할 수 있습니다.

두 번째로는 서울문화재단 지원사업과 세종문화회관의 공연 선별이 따로 작동하면서 서울 예술인들이 서울시 인프라를 오롯이 활용하지 못하고 기초 지자체 시설로 분산되는 것도 보완할 필요가 있습니다. 서울시 문화주무과 주도로 서울시에 있는 문화예술기관 협력과 협업을 강제하고, 수월성과 수익성에 치우친 산하기관 기회 제공 중심의 세종문화회관 운영 방향도 보완돼야 합니다. 현재의 공연장을 공급자 중심의 운영 행태에서 한발 나아가 서울시에서 촉발되는 민간 창작 활동이 정착되는 현장으로 확장돼야 합니다.

대담자: 요즘은 K-팝이 대세 아닙니까? 이런 대중적인 문화와 즐길거리가 많은데, 클래식이나 전통문화 하면 좀 지루하게 생각하는 분들도 있어요. 기초 순수예술은 왜 중요할까요?

박홍근: 현재를 대표하는 키워드 가운데 하나가 '문화콘텐츠'입니다. 그런데 이런 시대에 왜 기초 순수예술을 이야기할까요? 기초 순수예술이 콘텐츠라는 경제적 부가가치를 창출하는 핵심이기 때문입니다. 기초 예술이 문화산업의 가장 기본이 되는 자산입니다. 이런 것들을 너무 배제하고 콘텐츠를 추구하면 어느 순간 너무 질 낮은 방향으로 흘러가기 때문입니다.

비유하자면 순수 예술을 다지는 것은 기초 체력을 키우는 것이고, 풀뿌리를 만드는 것입니다. 이것은 각자의 직업적 선택의 문제로 맡길 일은 아닌 거죠. 국가나 지방 정부 차원에서 전폭적으로 지원하고 최소한의 창작 활동에 전념할 수 있는 조건을 만들어주어야 합니다. 지속적인 K-컬처(culture) 성장을 위해서는 꼭 필요하죠.

대담자: 앞에서 문화예술 인프라 기능 재조정, 문화예술 종사자의 처우 개선을 이야기하셨는데, 더 하실 말씀이 있나요?

박홍근: 서울시민의 문화향유권을 확보해야 합니다.

실제 전문 작품을 공연장에 가서 직접 본 시민은 그다지 많지 않을 거예요. 여러 원인이 있겠죠. 교통 접근성 문제, 인프라 문제, 비용 문제…. 중요한 것은 향유권을 개인의 문제로 남겨두지 않고, 서울시 차원에서 시민의 문화 감수성을 어떻게 극대화하느냐, 바로 이것입니다.

조금 극단적으로 말한다면 연말에는 대부분 구립 예술극장이 '호두까기 인형'을 공연해요. 여름에는 '한여름밤의 꿈'을 하고요. 개성이 별로 없어요. 그리고 창작 작품도 없죠. 지자체에서 사람 모으는 것에만 집중하니까 문화예술인들이 창의성을 키울 만한 작품 선정을 안 해요. 그러면 예술인들은 결국 '호두까기 인형'을 하죠. 악순환이에요. 그래서 예산에서 창작과 향유 비율을 조정해야 하죠.

*

이상으로 문화, 예술, 관광, 문화콘텐츠 등에 대해 폭넓게 대화를 나눠봤습니다.

보다 구체적으로는 서울시 문화예산과 집행실태, 문화복지 및 생활문화 지표, 문화접근성(체험율 및 향유율), 서울시 예술인 규모 및 생존 상황, 25개 자치구 문화시설 분포도와 불균형, 서울시 예술지원사업의 상황, 문화콘텐츠산업 육성방향, 관광산업 등을 살펴보면서 비전을 들어 보았습니다. 여기에 축제와 문화행사를 통한 서울시 도시브랜딩 방향과 서울시 공연예술의 방향에 대해 살펴보았습니다. 서울과 서울시민의 문화적 품격과 삶의 질을 개선하기 위한 대책이자 비전이라서 매우 중요한 지적이라 평가합니다.

이재명 대통령과 영화 '독립군: 끝나지 않은 전쟁' 관람

품격 있는 교통도시

— 대중교통, 환승 및 요금체계, 인프라

4

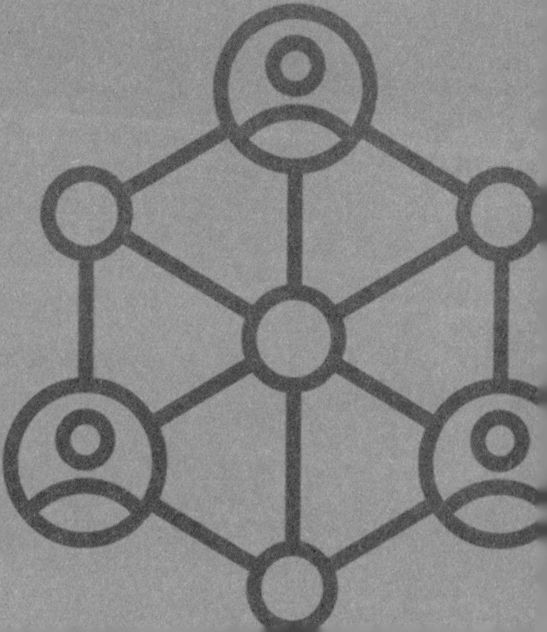

대담자: 대한민국의 수도 서울은 인구 2,600만명의 수도권의 중심입니다. 경제, 사회, 문화 등 각 분야에서 세계 정상급 도시와 경쟁하고 있습니다. 그렇다면 교통은 어떨까요? 대한민국 대표 도시라는 위상에 걸맞게 발전했을까요?

박홍근: 서울은 뉴욕·도쿄·파리와 함께 인구 2,600만 명 규모의 메가시티권을 형성하며 이제는 세계적인 도시로 성장했습니다. 지난 20년간 1인당 GRDP는 1,800만원에서 5,800만원으로 3배 이상 증가하고, 외국인 방문객도 3배 늘었습니다. 교통 부문 역시 양적으로 성장했습니다. 서울에서 하루에만 4,400만 통행[1)]이 발생합니다.

그러나 교통 서비스의 질은 이러한 도시 위상에 걸맞지 않습니다. 교통은 그 자체로 목적이라기보다 경제활동을 지원하는 것이 특징인데요. 서울의 경제적 위상에 비하면 민망한 수준입니다. 단편적으로, 출퇴근

1) 2023년 기준 44,470천 통행(도보 포함)_서울시 내부자료

시간대 지하철과 버스 혼잡률은 200%를 초과해 시민들이 짐짝 취급을 받고 있지 않습니까? 100명이 최대인 공간에 200명이 탄 셈이니 짐짝이 따로 없습니다. 1990년대 있던 푸시맨이 다시 필요할 지경입니다. 대중교통 서비스는 10년 전과 본질적으로 달라진 것이 없습니다.

교통은 단순한 이동 수단이 아니라 시민의 삶의 질과 도시 경쟁력을 좌우하는 핵심 기반으로 재정의되어야 합니다. 사람이야 어찌 되든 한꺼번에 많이 실어 나르는 것이 중요하지 않습니다. 시민 한 분 한 분은 이동에서도 짐짝이 아닌 사람으로서 온전히 대우받아야 합니다. 서울 내부에서도 교통인프라와 접근성에 차별이 없어야 합니다. 서울시민이면 누구나 동등하게 교통수단 접근권을 누릴 수 있어야 합니다.

서울시 교통의 문제

대담자: 서울의 위상과 달리 특히 대중교통의 질이 낮다는 말씀이죠.

그렇다면 서울의 교통 문제점에 대하여 조금 더 구체적으로 말씀해 주시겠습니까? 얼마 전에는 서울의 마을버스가 환승제도에서 탈퇴한다는 상황도 있었습니다.

박홍근: 서울은 도보를 제외하고도 하루에 약 4천만 통행이 이루어집니다. 이 중 64.5%가 대중교통으로 이루어집니다. 서울시민 10명 중 7명이 지하철·시내버스·마을버스를 이용합니다. 대부분 서울시민의 생활을 지원하는 방편으로써 대중교통이 절대적이라는 의미입니다. 하지만 대중교통 문제가 만만치 않습니다.

첫째, 대중교통의 경쟁력이 약화되고 있습니다. 코로나 이전인 2019년과 비교하면 이용객이 약 10% 감소했습니다. 하지만 혼잡도는 여전히 해소되지 않았습니다. 아직도 출퇴근 시간에 입석은 너무나도 당연하고 짐짝처럼 떠밀려 다니고, 불미스러운 접촉사건이 일어나기도 합니다. 대중교통이 예산의 우선순위에 있지 않았기 때문입니다. 혼잡도를 낮추고 굴곡노선을 조정하는 방법이 버스 증차인데, 10년 전이나 버스대수는 거의 변화가 없습니다. 말로만 대중교통 우선을 외치거나 대중교통에 투자되어야 할 예산이 각종 상징물, 한강버스 등 전시행정에 낭비되고 있기 때문이기도 합니다.

둘째, 교통인프라와 정책의 지역적 · 계층적 불균형이 지속되고 있습니다. 강남권은 지하철과 간선버스 노선이 집중된 반면, 강북권은 여전히 마을버스 의존도가 높습니다. 마을버스 통행은 지하철 밀도가 낮은 강북권에서 57%가 발생하고 있습니다. 소득이 상대적으로 낮고 대중교통인프라 밀도가 낮은 강북권에서 절대적인 수단인 마을버스에 대해서는 최근까지도 환승 이용시간이 1시간이었습니다. 반면, 시내버스는 5시간이었습니다. 지하철이 부족한 지역에 운행하는 마을버스에 혜택까지 차별한 것입니다.
정책 역시 차별적입니다. 서울시에서 도입한 기후동행카드는 횟수 제한 없이 누구나 이용할 수 있지만 대중교통을 이용할 수 있는 여건이 전제되어야 가능한 이야기입니다. 대중교통인프라가 촘촘한 강남권이 이용빈도 면에서 훨씬 더 큰 혜택을 받을 수밖에 없고 대중교통인프라가 부족한 강북권에서는 이용률이 낮을 수밖에 없습니다. 소득이 낮은 지역, 대중교통인프라 밀도가 낮은 지역에 역진적인 정책입니다.

셋째, 교통정책이 새롭게 변화하는 환경을 반영하지 못하고 있습니다. 세계 주요 도시는 이미 지속가능성과 탄소중립을 핵심으로 한 교통으로 전면적인 전환을 추진하고 있습니다. 파리와 런던은 자전거도로 확충과 전면적인 트램(노면전차)의 도입을 통해 도시교통을 재편했으며, 뉴욕시의 새로운 시장 맘다니는 스스로 '자전거 시장'을 선언하고, 무료 버스정책을 선언했습니다. 서울은 여전히 도로 중심의 교통정책에 머물러 있습니다. 시대적 흐름에 뒤처지는 상황입니다.

한편 서울시 고령화는 2004년 6.7%에서 2024년 19.4%로 많이 증가했습니다. 외국인 및 주간 활동인구 역시 많이 늘었습니다. 도로정책도 지속적으로 필요합니다만 도시철도 확충과 지상교통 혁신이 시급합니다. 도로건설로는 교통혼잡을 막을 수 없을 뿐 아니라 지속가능한 도시발전을 기대할 수 없기 때문입니다. 그러나 지금 서울시의 도시철도는 지지부진하고 도로건설에 매진하고 있습니다. 지난 4년간 강북횡단선, 서부선, 난곡선, 목동선 등 도시철도망을 추진했으나, 면목선 외에 모두 예비타당성조사에서 탈락(강북횡단선, 목동선)하거나 자진철회(난곡선)했습니다. 방법론과 행정력의 부족을 지적하지 않을 수 없습니다.

대담자: 지적하신 것 중에 대중교통 이용객이 10% 줄었다고 했는데, 혼잡도가 떨어지지 않는다는 것은 무슨 뜻일까요?

박홍근: 한산한 노선은 매우 한산하지만, 밀리는 곳은 더 심하게 밀린다는 뜻입니다. 경제활동 인구가 몰리는 2호선이나 9호선이 그렇지요. 이동 인구의 편중이 심해졌다고 할까요. 서울연구원 자료를 보면, '2

호선·9호선 이용자가 200% 이상 혼잡을 경험했다.[2] 1호선에서 8호선 이용자도 150% 이상 혼잡을 겪고 있다'고 했어요. 이로 인한 혼잡 비용이 약 7천억원 이상 발생했다고 합니다. '차내 혼잡률 50%가 감소하면 더 돈을 더 낼 의사가 있냐'고 물어보니까, 개인당 228원에서 660원까지 더 낼 의사가 있다라는 답변도 나왔죠. 혼잡도 목표 기준을 조정할 필요가 있습니다. 현재 150%가 기준인 걸로 알고 있습니다. 100명이 정원인데, 150명을 태워도 괜찮다는 것이 현재의 기준인 것이죠. 혼잡도는 100%로 낮춰야 하지 않겠습니까? 그러기 위해서는 도시철도 운행빈도와 용량을 증가시키고 버스 대수도 늘려야 합니다. 버스 대수는 10년 전과 큰 차이가 없어요. 그런데 그 사이에 여기저기 개발이 되었기 때문에 노선 수는 늘었어요. 결국 버스는 장거리 굴곡노선을 운행하게 되고, 배차간격이 길어져 대중교통 서비스가 더 악화되었다는 얘기죠.

2) 2024년 대중교통현황조사_대중교통시설 및 수단(한국교통안전공단, 2024, p.67)

GTX-B노선 예비 타당성 조사 통과 기자회견
대한민국국회

대담자: 서울시 고령화 이야기가 나오니까 노인 무임승차에 관해서도 묻고 싶습니다.

박홍근: 쉽지 않은 문제죠. 노인 무임승차 손실이 2024년 기준 4,135억원으로 전체 도시철도 적자금액의 59.5%를 차지합니다.[3] 10년간 누적 손실액이 3조원을 넘어섰습니다. 문제는 그 비용을 누가 감당하냐는 거죠. 결국은 나중에 요금을 올리든지, 내가 낸 세금에서 충당하게 되겠죠. 그게 젊은 사람들이 불만이 생기는 지점이잖아요. 또 출퇴근 혼잡 시간에 노인의 무임승차가 불편하다고 이야기도 하고요. 대안을 검토할 때가 됐습니다. 예를 들어, 노인 연령의 법정기준을 조정하는 것과 연계해서 무임승차 대상을 조정하거나 출퇴근 시간 때는 이용을 제한한다든가 하는 방안이 있습니다.

노인의 경제활동 참여율이 높은 상황에서 65세이상 무료가 적정한지에 대해 다시 검토해 보고 동시에 경제활동을 하기 전인 학생이나 취직 전 이용자에게 요

3) https://news.tf.co.kr/read/life/2201051.htm?ref=read_top10

금을 부담시키는 것이 형평성 있는 조치인지 말이에요. 요금 조정은 최후의 수단이 되겠지만 더 받는다는 데 방점이 있는 것이 아니고 더 열악한 상황에 있는 계층이 더 큰 요금부담을 안아서는 안 된다는 것에 초점을 맞추어야 합니다.

형평성 차원에서 검토하여 요금체계를 조정할 수 있지요. 다만 중요한 원칙은 교통도 공공 영역으로 봐야 한다는 것입니다. 도서관 가는 데 돈 안 내잖아요. 이제는 대중교통도 공공 서비스라고 봐야 하는 경향이 강해지고 있습니다.

대중교통 경쟁력 제고 방안 – 시민을 짐짝이 아닌 사람으로

대담자: 다시 본래의 이야기로 돌아가겠습니다. 서울의 교통문제를 대중교통 경쟁력, 교통인프라와 정책의 지역적 불균형, 새로운 상황변화에 대한 안일한 관성적 대처 등 크게 세 가지로 지적하셨습니다. 하나하나 풀어가 보겠습니다.

먼저, 기차나 비행기 승객과 달리 같은 승객인데, 지하철·시내버스에선 짐짝이 되어야 하는 문제, 즉 대중교통의 혼잡과 서비스 경쟁력 문제를 어떻게 해결해야 되는지 말씀 부탁드립니다.

박홍근: 대중교통 시내버스와 지하철의 혼잡도가 심각합니다. 앞서 말씀드린 대로 2호선·9호선은 200%가 넘습니다. 사람이 아닌 짐짝이라는 이야기가 나와서야 되겠습니까. 교통도 시민 삶의 질과 도시 위상에 걸맞게 혁신되어야 합니다. '짐이 아닌 사람으로, 앉아서 이동하는 서울', 품격 있는 이동이 가능한 품격교통 서울을 만들어야죠.

말 그대로 짐이 아닌 '승객'으로, 품격 있는 출퇴근을 할 수 있어야 합니다.

1~8호선 시간대별 혼잡도

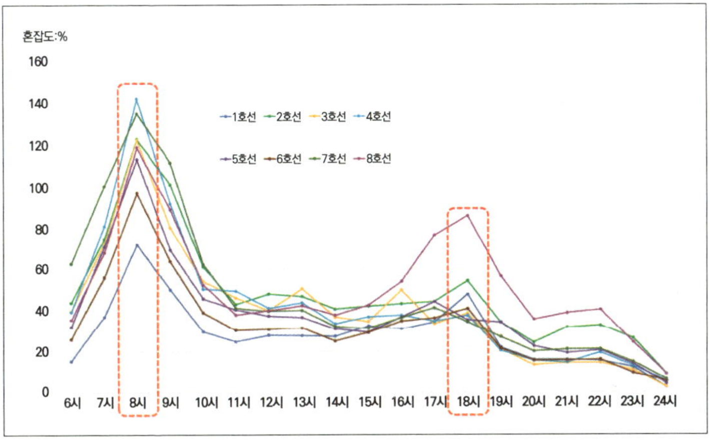

출처: 서울열린데이터광장, 서울교통공사 지하철 혼잡도 정보

이를 위해서는 새로운 교통수단의 도입이 필요합니다. 현재 서울에는 437개 노선, 7,393대의 시내버스가 운행되고 있어요. 그러나 지난 10년간 노선 체계나 차량 수는 큰 변화가 없었습니다. 시민의 이동 품질을 높이기 위해 '프리미엄 전기굴절버스'를 도입할 필요가 있다고 생각해요. 수송력이 기존 버스보다 2배가 높아 버스를 늘리는 효과도 좋지만 좌석이 많고 승차감이 우수해서 '품격' 있는 이동이 가능하다

고 봐요. 비오는 날 혼잡한 버스를 타보신 분들은 아실 거에요. 바꿔야 합니다. 혼잡도가 높은 주요 노선에 먼저 투입할 필요가 있습니다.

무궤도 굴절버스(사진 출처: Jean Philippe Dheure, Wikimedia Commons)

다음으로, 지상철도를 도입할 필요가 있습니다. 지하가 아닌 지상에서도 지하철보다 편리하고 안락한 전철 서비스를 누릴 수 있도록 해야 합니다. 어두운 지하공간이 아닌 햇빛을 받으며 철도와 같이 안락한 서비스를 받을 수 있어야 합니다. 일명 트램, 노면전차라고도 하는데, 지하철과 버스의 장점을 결합하여 정시성과 운행 신뢰성이 높고 안락합니다. 또 지상 승강장에서 곧바로 평면으로 승하차하므로 휠체어, 유모차가 편하게 탑승할 수 있습니다. 노인, 임산부 등 교통약자에게 편리하죠. 이미 유럽 선진국을 중심으로 400여 개 이상 도시에서 운영 중입니다. 그만큼 교통수단으로 안전과 효과가 입증된 수단입니다.

파리 T3 트램(사진 출처: Wikimedia Commons(GNU Free Documentation License))

지하철 수송력 확충도 필요합니다. 혼잡도가 높은 이유는 제한된 수송량에 비해 짧은 시간에 많은 승객이 몰리기 때문인데요. 승강장 여유가 있는 노선은 차량을 증편하는 방안을 검토해야 합니다. 또한, 혼잡시간에는 배차간격을 최대한 단축하여 운행하도록 하면 지금보다 혼잡도를 약 30% 가량 줄일 수 있습니다.

버스서비스 불편의 핵심은 배차간격입니다. 배차간격은 간선보다는 마을버스와 심야버스가 더 심각한데요. 서울시 지선버스의 평균 배차간격은 12분, 마을버스 12분~40분[4], 심야노선은 27분[5]으로 시민 불편이 큽니다. 한강버스 사업에 투입된 예산으로 시내버스 760대를 구입할 수 있습니다. 이 예산을 마을버스 증차에 활용한다면 배차간격을 7~8분으로 줄일 수 있습니다. 절감하는 시간을 시간가치로 계산하면 어마어마한 가치가 있어요.

---

4) 마을버스 운행횟수 97회 기준으로 분석하였음(자료:마을버스 서비스개선 TF 운영결과 보고, 서울시, 2025.10.10.). 다만 실제로는 배차간격을 준수하지 않아 25분~40분을 기다린 경우 잦음.
5) 서울시 버스운행노선형황 분석(https://topis.seoul.go.kr/refRoom/openRefRoom_3_1.do).

한편, 수요가 일정하지 않고 많지도 않은 외곽노선이 있어요. 이런 지역은 DRT(수요응답형 교통) 시스템을 도입해, 시민 요청에 따라 즉시 운행하는 맞춤형 버스 서비스를 확대할 필요가 있습니다. DRT를 도입하면 배차간격이 길어 불편한 대중교통 사각지역에서 특별히 효과가 있을 것으로 판단합니다.

수요응답형교통체계
(DRT: Demand Responsive Transit)

실시간으로 변화하는 수요에 맞추어 운행경로를 실시간으로 바꿔가며 운행함. 정해진 노선을 정해진 간격으로만 다니는 과거의 방식에 비해 운행비 절감할 수 있음. 불규칙적인 수요, 적은 수요에 효과적임.

과도한 혼잡과 장시간 통행은 시민의 수면 부족과 스트레스를 유발한다는 연구결과가 있습니다. 출퇴근 집중시간을 제외한 시간대에는 요금을 감면하여 혼잡을 분산시키거나, 반대로 혼잡시간대 이용자에게는 중앙정부와 지방정부가 공동으로 혼잡보상제도를 실시하는 것도 검토할 필요가 있습니다.

프랑스 리옹의 무가선 저상트램(사진 출처: Bastien Neves, pexels)

대담자: 최근에 마을버스 환승제도 탈퇴 문제로 서울시내 대중교통서비스의 불균형 문제가 대두되었습니다. 마을버스는 주로 지하철과 시내버스가 부족한 지역에 운행하지 않습니까?

박홍근: 마을버스 이용객은 하루 약 84만명으로 전체 버스이용객의 18.5%를 담당합니다. 특히 전철·시내버스 사각지대를 중심으로 운영하고 있어 라스트마일 수단으로서 시민들에게 매우 중요하지요. 하지만 마을버스는 기후동행카드 환승정산 시 시내버스보다 적게 정산을 받으며, 최대 탑승시간도 2시간으로 제한되어 있습니다. 운영비는 적자보전액을 기준으로 보면, 전체 버스 적자보전액의 5.7% 수준(2025년 기준 412억원)입니다.

이것이 이번에 마을버스 환승제도 탈퇴의 본질이라고 봅니다.

이제 마을버스는 복지버스라고 인식을 바꿔야 합니다. 주로 운행되는 지역과 이용승객의 특성을 보면 바로 알 수 있어요. 마을버스에 대해서는 환승손실액 보전 등 재정지원을 현실적인 수준에 맞추어 확대할 필요가 있습니다. 또한, 수요가 매우 작은 과소 노선에 대해서는 수요응답형교통체계(DRT) 서비스로 전환해서 효율화하고 불편을 최소화할 필요가 있습니다. 그러면 대기시간을 기존 20~30분에서 5~6분으로 획기적으로 감소시키면서도 운영을 효율화될 것입니다.

대담자: 강남·강북 교통서비스 불균형 문제는 어떻게 해소할 수 있을까요?

박홍근: 교통 불균형도 심각한 문제입니다. 서울의 교통인프라는 여전히 강남권에 집중되어 있습니다. 지하철역을 3개 이상 보유한 행정동 비율은 강남구 64%, 서초구 67%입니다. 하지만 강북구 15%, 노원구 11%, 도봉구 14%에 불과합니다. 역이 하나도 없는 동도 113개동(27%) 정도 됩니다. 노원구와 강남구의 인구 규모가 비슷함에도 교통 접근성은 현격한 차이가 나고 있는 것이죠. 주차장 인프라도 마찬가지

입니다. 전체 주차면수의 23.4%[6]가 강남 3구에 집중되어 있습니다.
정책의 초점 역시 강남권에 쏠려 있습니다. 기후동행카드와 같은 정액제 교통카드 제도는 보완장치 없이 시행되고 있어, 대중교통 수단이 상대적으로 부족한 강북권 시민에게는 역진적으로 작용하고 있습니다.
따라서 강북권 중심의 철도 인프라 확충이 시급합니다.

교통복지 형평성 측면에서도 새로운 정책이 필요합니다. 기후동행카드는 승용차를 제외한 모든 시민의 통행을 지원하는 제도여야 합니다. 대중교통인프라가 부족한 지역에는 더 두터운 혜택이 필요합니다. 반값 할인 등 지역 맞춤형 지원을 통해 형평성을 높이는 정책을 검토해야 합니다.

한편, 서울의 교통 불균형은 공간적 차이뿐 아니라 시간적 차이에서도 나타납니다. 심야시간대 교통수단 부족은 고령자, 청년층, 교통약자에게 직접적인

6) 출처: 서울인포그래픽스 제272호

불편을 초래합니다. 이에 따라 기존 심야버스 노선을 확대하고, 마을버스의 심야운행을 지원하여 '심야 교통서비스'를 전 자치구로 확대해야 합니다.

서울형 미래 교통체계 확립

대담자: 최근에 정부에서 60%까지 이산화탄소 배출을 줄이는 국가계획을 발표하였습니다. 서울의 교통은 자동차 중심의 교통체계를 유지해 왔습니다. 자동차가 중심인 도시에서 보행과 자전거, 교통약자는 힘들고 사고위험에 노출되어 있습니다. 서울이 국제적인 위상에 걸맞게 환경과 삶의 질을 조화롭게 하는 미래형 교통체계에 대하여 생각하시는 바가 있으신지요?

박홍근: 교통부문은 전체 탄소배출의 약 20%를 차지할 정도로 비중이 큽니다. 자동차 중심의 도시구조는 대기오염, 교통사고, 보행 불편 등 여러 사회적 문제를 야기하고 있습니다.

이제 교통은 단순한 이동 수단이 아니라 탄소중립 사회로 전환하는 데 있어 핵심 분야가 되어야 합니다.

뉴욕·파리·런던 등 세계 주요 도시는 이미 '자동차에서 사람 중심'으로 교통 패러다임을 전환하고 있습니다. 파리는 노상주차장을 자전거도로와 보도로 전환하고, 코로나19 기간 동안 자전거 인프라 확충에 3천억원 이상을 투자했습니다. 런던은 보행·자전거 중심 거리로 도시를 재설계하고 있으며, 뉴욕 역시 무료버스 정책과 자전거도로 확장정책을 동시에 추진하고 있습니다.

서울도 더 이상 자동차 중심 도시일 수 없습니다. 지금까지 서울의 대중교통은 버스와 지하철 위주로 운영됐지만, 기후위기 시대에 걸맞은 미래형 탄소중립 교통체계로 전환해야 합니다.

서울에는 약 400개의 철도역이 있습니다. 자전거는 도보보다 이동 반경이 넓고, 평균 시속 12km 기준으로 5분이면 1km를 이동할 수 있습니다. 도보역세권(반경 500m)을 자전거역세권(1.5km)으로 확장하면, 역세권 면적은 약 10배로 넓어지고 서울의 대부분 주거지역이 대중교통 접근권 안에 포함됩니다.

자전거로 전철역까지 접근하고, 전철로 서울 전역을

연결하는 구조—이것이 바로 '탄소중립 모빌리티 서울'의 핵심입니다. 역세권 반경 1km 이내의 자전거도로·보관시설을 대폭 확충하고, 자전거 이용환경을 대중교통체계와 유기적으로 연계할 필요가 있습니다.

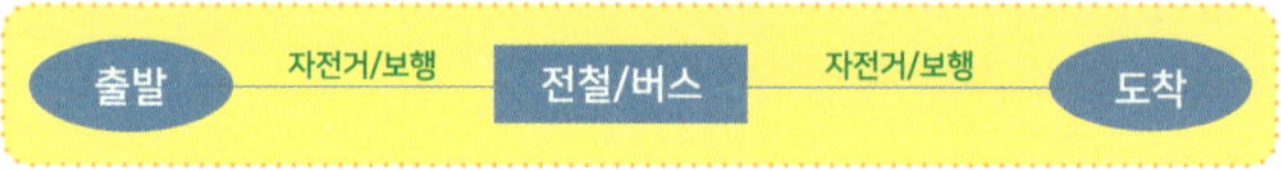

궁극적으로 자동차가 필요 없는 자동차 없이도 행복한 도시로 만드는 것이 핵심입니다.

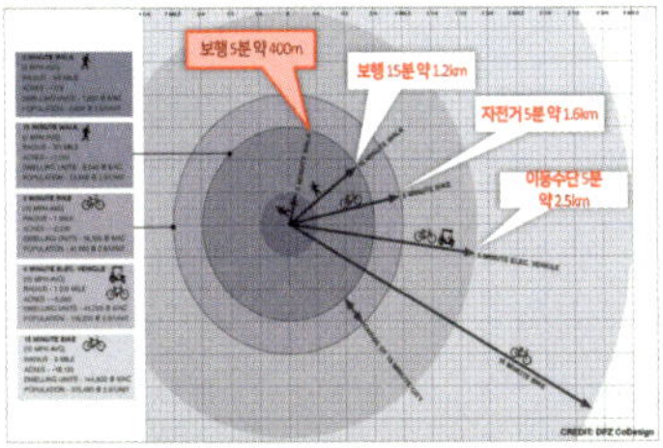

출처: Congress for the new Urbanism(2021)

[그림 2-8] 이동수단별 도달시간 및 거리

보행과 자전거 역세권 도달거리

300m 보행역세권

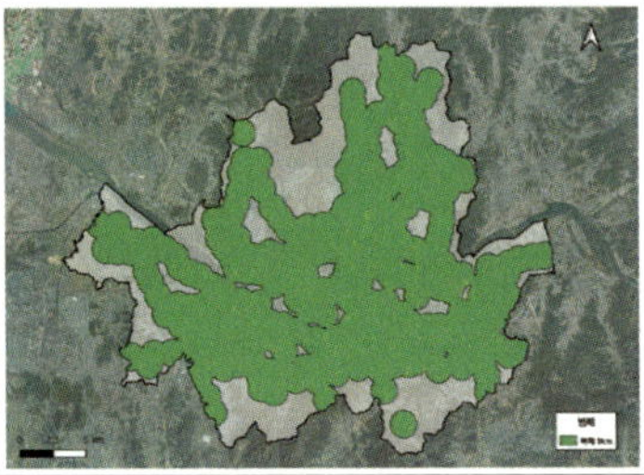

1㎞ 자전거역세권

고립 없는 서울

— 보건·복지, 통합돌봄

5

대담자: 서울의 보건의료가 도시 위상에 비해 부족하다는 지적이 있습니다. 지방에서 서울의 병원으로 원정 진료를 오는 현실을 보면 분명 병원의 숫자와 진료의 질은 충분한 듯한데, 왜 이런 지적이 있을까요? 서울의 보건의료 문제를 어떻게 보시는지, 그리고 이에 대한 해결책은 무엇인지 들어보겠습니다.

박홍근: 서울은 병원이 많은 도시입니다. 하지만 병원 숫자에 비해 의료 접근성과 건강 수준은 전혀 균등하지 않습니다. 강남·종로·서초에는 병상과 전문의가 과잉 집중되어 있지만, 도봉·금천·강북 등 지역은 여전히 의료 사각지대에 가까운 상태입니다. 이에 따라 지역 간 건강수명의 격차가 6~8년 차이가 납니다. 응급환자 이송시간도 차이가 두 배 이상 나타나고 있습니다.

한편, 서울은 세계적 대도시임에도 공공의료 비중이 낮습니다. 병원 간 역할 분담도 체계적이지 못해 병상 과잉과 의료취약이 공존하는 기형적 구조가 지속되고 있습니다. 그 결과 서울은 병원은 많은데 건강은 불균등한 도시가 되어버렸고, 이는 도시경쟁력·출생률·지역경제 전반에 악영향을 주고 있습니다.

서울형 의료혁신의 핵심은 단순히 병원을 더 짓는 것이 아닙니다. 기존의 것들을 제대로 배치하고 기능을 재정렬하는 일입니다.

서울을 5~7개 진료생활권으로 나누고, 공공·민간 병원이 역할협약을 맺어 기능을 분담해야 합니다. 응급·재활·정신·AI 기반 진료체계를 생활권 단위로 갖추어야 건강 형평성을 회복할 수 있기도 합니다.

동시에 AI 헬스케어, 원격 모니터링, 데이터 기반 예측진료 등 스마트 의료 기반을 공공영역에서 우선 구현함으로써 만성질환·고령사회에 대응하는 새로운 의료 패러다임을 만들 필요가 큽니다.

통합돌봄의 새로운 패러다임 – 사회적 처방

대담자: 최근 오 시장은 '서울시사회서비스원'을 사실상 해산했습니다. 이 때문에 특히 중증장애인, 외상 상태 어르신 등 민간에서

돌봄을 받기 어려운 계층이 직접적인 피해를 보았다는 주장이 제기되고 있습니다. 결과적으로, 공적 돌봄 인프라를 확충하겠다던 약속이 후퇴했고, 민·관 공백이 발생했다는 비판이 있다는데 공공 돌봄, 통합돌봄에 대해서는 어떻게 생각하십니까?.

박홍근: 시간이 갈수록 보건과 복지 분야의 중요성이 커지고 있습니다. 복지에서 핵심적으로 관통하는 것이 통합돌봄 문제입니다.

2026년에 「돌봄통합지원법」이 시행됩니다. 이는 지역사회 기반 통합돌봄 체계를 국가 차원에서 처음 제도화한 전환점입니다. 굉장이 획기적이기는 한데 한계가 있습니다. 가장 큰 문제가 법 구조가 '노인 장기요양보험 패러다임' 중심으로 설계돼 있다는 것입니다. 장애인·만성질환자·정신건강 취약군·고립 및 주거취약층 등 다양한 돌봄대상의 복합욕구를 충분히 담지 못합니다. 실질적으로 개인의 맞춤형 서비스보다는 기존에 했던 서비스를 연계하는 정도입니다. 법은 '통합'을 표방하나 실제 운영구조는 의료·요양·복지가 분절된 상태에서 기관 간 연계 수준의 조정형

2025 전국장애인부모연대
창립 17주년 정책대회
사단법인
전국장애인부모연대
전국장애인
가족지원센터협의회
전국장애인
일자리협의회
2025년
전국장애인가족지원센터협의회 정책박람회
개최를 축하합니다.
- 음성군장애인가족지원센터
상상대로
음성
(주) 뷰티화장품
(주) 태우
박람회 부스
화장실

모델에 가까습니다.

도시사회는 고령화 지속, 가족돌봄 약화, 만성질환 장기화, 1인가구 증가, 정신 건강 악화, 고립·주거취약 등 위험요인이 복합적으로 확대되는 상황입니다. 기존 서비스 중심 체계로는 대응이 어려운 것이 사실입니다.

특히 서울시는 고령화가 굉장히 심합니다. 전국 최대 고령 인구(2024년 약 162만명)를 보유하고 있지요. 그리고 장애인·만성질환자·정신건강 취약군·고립 및 주거취약층 집중 등 도시형 복합돌봄 수요도 전국에서 가장 큽니다. 1인가구 비중(39.9%) 또한 전국 최고로 가족돌봄에 취약하고 만성질환 장기화가 늘어나는 등 복합위험군 증가세가 뚜렷합니다.

그러나 현행 법령은 지자체 중심 추진체계를 강조하면서도 지자체 간 재정·전문인력·조직역량 격차, 표준모델 부재, 보건·복지·주거 간 분절 등을 충분히 고려하지 못합니다. 이로 인해 복합돌봄 수요가 집중된 서울시에서는 법이 제시하는 틀만으로는 효과적인 통합돌봄 체계 구축이 어려우며, 법 구조와 서울 현실 간 간극이 크게 존재합니다.

대담자: 의도는 좋으나 구조적 한계가 뚜렷하다는 말씀이군요. 그렇다면 그러한 구조적 한계를 극복할 방안을 생각하신 게 있나요?

박홍근: 이와 같은 구조적 한계를 보완할 수 있는 대안으로 영국의 사회적 처방(Social Prescribing) 모델을 주목하고 있습니다. 세계적으로도 이미 주목받는 사례입니다. 사회가 돌봄이 필요한 사람에게 처방을 해주면, 필요한 서비스를 플랫폼에서 찾아 서비스를 받는 것이죠. 의사가 처방전을 발행하면 그것을 들고 약국에 가서 약을 타듯이요.

사회적 처방은 단순 서비스 안내가 아니라 의료·복지·지역 커뮤니티를 공식적으로 조정·연결하는 운영 매커니즘입니다. 전문 연계인력(Link Worker)이 개인의 건강·생활환경·사회관계·정신건강을 통합적으로 평가하고 주치의·지역조직과 함께 개인별 통합계획(Personalised Care Plan)을 설계·관리하는 방식입니다. 이는 단순 연계를 넘어 전문직 협업·정보공유·책임구조 등이 제도화된 실행 플랫폼입니다.

여기서 가장 중요한 것이 링크 워커(Link Worker)라 부르는 연계인력입니다. 우리나라는 현재 사회복지사밖에 없어요. 하지만 사회복지사는 보건의료를 전혀 모른다는 한계가 있죠. 그래서 링크 워커를 육성할 수 있는 체계를 빨리 만들어야 합니다. 자격증을 만들고 지역 구마다 통합돌봄센터에서 일하게 해야죠.

영국 NHS의 '사회적 처방(Social Prescribing)' 운영 체계

그리고 플랫폼을 구축하기 위해서는 보건·복지·돌봄 등에 대한 모든 것을 전수조사해야 합니다. 지금 서울시에서 구별로 하는 서비스를 다 모으고 그걸 카테고리를 만드는 거죠. 그렇게 모은 데이터로 통합 모델을 만드는 것입니다. 새로운 것을 만드는 게 아니라 기존의 것들을 잘 정리하는 것이죠. 그러다가 중복된 것이 있다면 빼고, 거기서 아낀 예산을 새로운 복지 요구에 투입하는 것이죠.

통합돌봄의 핵심은 '분절'의 극복

대담자: 아까 용어는 '통합'인데 사실상 '분절'되었다고 하셨는데, 그 부분에 대해서 구체적으로 설명해주시죠.

박홍근: 현행 통합돌봄 체계는 법적 기반이 마련되었음에도 실제 운영 수준은 여전히 서비스 분절·기관 간 의뢰 중심 구조에 머무르고 있다는 뜻입니다. 의료·복지·주거·정신건강이 각각 다른 법체계·재정·전문직 기준으로 운영되기 때문에, 단일 기관·단일 사

업 중심의 대응이 반복되고 복합욕구 대상에 대한 통합적 접근이 구조적으로 어려운 상황입니다.

그래서 '분절'이라는 키워드에 집중해야 합니다.

개인별지원계획(ISP)은 통합돌봄의 핵심 도구로 제시되었으나, 이를 실제로 운용할 다학제 기반 실행체계·정보공유 시스템·조정 권한이 부재합니다. 계획과 실행 간 차이가 발생하죠. 계획을 세워도 이를 조정·재설계할 조직적 주체가 없고, 방문의료·정신건강·주거지원 등 핵심 서비스는 제도적으로 연결되지 않아 ISP가 문서화 단계에 머무는 경향이 뚜렷합니다. 그래서 이 일을 실직적으로 할 수 있는 링크 워커를 양성하고, 실행 기반 플랫폼을 만드는 것이 중요하죠.

특히 대도시에서 빠르게 증가하는 도시형 복합위험군에 대응하는 체계가 부족합니다. 고령·장애·만성질환·고립·정신건강·주거취약이 중첩된 위험이 늘어나고 있으나, 주거환경 개선, 고립예방, 정신건강 초기개입, 관계망 재구축 등 도시형 돌봄 요소는 현행 법·전달체계에서 충분히 다뤄지지 못합니다. 서울은

1인가구·고독사 위험·주거불안정·심리적 문제 등이 전국 최고 수준으로, 단순 연계 중심의 구조로는 도시형 위험 해소에 한계가 명확한 상황입니다. 이것을 해결하려면 통합돌봄을 통한 사회적 개입이 중요합니다.

그리고 지자체 중심 추진체계를 전제로 하고 있으나, 재정·전문조직·보건소 역량 차이가 커 지역 간 이행 격차가 발생합니다. 서울 내에서도 자치구 간 인프라·전문인력 차이가 커 '서울시 단위 통합정책'과 '현장 실행력' 사이에 구조적 불일치가 나타나고 있습니다. 결과적으로 제도가 의도한 통합돌봄이 지역별로 상이한 방식으로 구현되고, 일부 자치구에서는 통합 기능 자체가 작동하지 못하는 사례도 있습니다.

재정 구조 역시 의료보험·장기요양·활동지원·정신건강·복지바우처 등으로 분절되어 있습니다. 대상자 중심 통합 패키지 설계가 사실상 불가능한 구조이죠. 서비스는 제공되지만 삶은 변화되지 않는 '단편적 개입'이 반복되고, 복합욕구 대상자일수록 지원 체계가 더 복잡해지는 역설적 문제가 나타납니다.

서울시는 국가모델을 그대로 적용하는 데서 나아가, 의료·복지·주거·정신건강을 하나의 체계로 묶는 '도시기반 완성형 통합돌봄·사회적 처방 모델'을 도전적으로 구축해야 합니다. 서울시가 먼저 작동 가능한 통합 플랫폼을 구현하고, 이를 전국 확산 가능한 표준모델로 제시하는 것이 향후 통합돌봄 정책 발전의 핵심 과제입니다.

고립 없는 도시, 서울

대담자: 말씀하신 부분에 대한 추진 전략이 있을까요?

박홍근: 첫째, 기존 노인 중심 서비스를 넘어 고립·정신건강·장애·만성질환 등 도시형 복합위험군을 위한 통합돌봄 서비스 체계로 확장해야 합니다.

둘째, 보건·복지·주거·정신건강이 하나의 계획, 하나의 창구, 하나의 팀으로 움직이도록 도시기반 통합운영체계를 구축해야 합니다. 지금은 창구가 너무 많아서 어디가 어딘지 모르는데 단일 창구를 맡았을 때 집행 효율성은 굉장히 높아질 것입니다.

셋째, 분절된 예산·사업·조직을 통합하여 표준모델과 재정·성과체계를 구축하고 전 자치구로 확산해야 합니다.

서울형 지방의료원 모색

대담자: 서울에서도 지방의료원이 고민이라고 알고 있습니다. 대통령께서도 지방의료원 활성화 정책을 내셨는데, 의사 수가 부족하거든요. 이 부분에 대해서는 어떻게 생각하시나요?

박홍근: 지방 공공병원을 어떻게 할 거냐가 우려스러운 고민거리 중 하나입니다. 지금까지 지방의료원의 가장 큰 문제는 의료의 질과 의사의 수였습니다. '지방 공공병원을 더 지어야 한다.', '더 짓는 것보다 제대로 배치하고 기능을 좀 조정 재정리해야 한다.' 여러 의견이 있습니다.

중요한 건 시립병원, 보건소, 민간병원, 복지관의 네트워크를 통합하는 일입니다. 누군가는 민간과 공공의 통합이 되겠느냐라고 말씀하시는데요. 이제 공공의 개념이 바뀌었다고 봅니다. 예전에는 '소유'의 개념이었다면 이제는 '기능'의 개념이 되었죠. 돈을 제대로 지급한다면 민간병원도 공공적 기능을 할 수 있죠. 민간이든 공공이든 어떤 역할과 국가 예산을 주면 그만큼 공공 기관으로서 작용할 수 있습니다. 다만 그걸 명확하게 평가할 기준을 마련하는 것이 중요합니다.

의사 인력도 논란이 있습니다. 공공의과대학 설립으로 의사들과 정부가 첨예하게 부딪치고 있는데요. 단순히 2천명 늘리자는 식으로 숫자만 제시하면 안 된다고 생각해요. 지방에 필요한 의사 인력을 제대로 조사해서 명확하게 밝혀야 합니다. 그리고 지방에 이만큼의 의사가 필요하다, 수도권에서 안 가면 지방 공공의대에서 수급해야 한다, 이렇게 말해야 하는 거죠.

서울의료원, 서울북부병원, 보라매병원, 은평 서부병원 등등, 서울시가 운영하는 공공병원에 대한 시민

육아종합지원센터에서 해법을 찾다!
유보통합 저출생극복
전국시군구육아종합지원센터협의회 정책 토론회

들의 인식이 어떨까요? 거기는 공공병원이니까 그냥 저렴한 곳이죠. 의료의 질이 아주 높지도 않다는 인식이에요. 그러니 공공병원의 질을 높여주지 않으면 민간 대형병원과 경쟁이 안 됩니다. 하지만 공공이다 보니까 수입을 또 요구할 수도 없죠. 그러니까 결국은 어떤 차별화 전략을 가져갈 거냐가 이제 필요합니다. 서울형 지방의료원 모델을 고민 중입니다. 휴머노이드라든가 AI와 의료를 결합해서요. AI 나오고 나서 실제 영상의학과는 컴퓨터가 다 판독합니다. 로봇 수술도 많아지고 있고요. 간병인도 아마, 몇 년 지나면 훨체어 로봇이 나올 거라고 생각하거든요. 그렇다면 의사 수 조절도 가능하지 않을까요?

저출산 문제 극복

대담자: 복지 하면 저출산 문제를 빼놓을 수 없지 않습니까? 서울의 저출산 문제를 어떻게 보고 계시며, 이를 해결하기 위한 방향은 무엇이라고 생각하십니까?

박홍근: 서울의 저출산 문제를 주거 불안, 경력단절 위험, 그리고 양육비 부담이라는 세 가지 구조적 요인이 함께 만든 결과로 보고 있습니다. 특히 서울에서는 양육비 중에서도 산모 건강관리, 영유아 의료·발달 비용, 아동·청소년기 교육 및 사교육비 부담이 매우 커 출산·양육을 지속하기 어려운 환경이 되고 있습니다. 따라서 서울형 저출산 대책은 '출산-영유아-아동·청소년기' 전체를 관통하는 전 주기 지원체계로 전환해야 합니다.

첫째, 산모와 아이의 의료·발달 비용을 실질적으로 줄여야 합니다. 크레딧 같은 제도를 통해 출산지원금을 단순 현금이 아니라 임신·출산기 산모 건강관리부터 영유아·아동·청소년기의 필수 건강·발달·정서 서비스에 자동 사용되는 구조로 바꾸는 것입니다.
산모(임신검사·초음파·산후회복·산후우울 관리), 영유아(소아과 비급여, 언어·인지·행동 발달평가), 아동·청소년(정서·학업 스트레스 상담, ADHD·불안·우울 등 발달·심리 지원)에 대한 서비스의 부담을 크게 완화할 수 있습니다. 산모-아이의 건강·발달비를 서울시가 실질적으로 책임지는 구조 전환이 핵심입니다.

둘째, 교육·사교육비 부담도 직접적으로 완화하는 정책이 필요합니다. 사교육비는 교육 문제가 아니라, 부모의 불안·학업 스트레스·발달지원 부족이 만들어낸 양육비 부담이기 때문에 이를 복지와 연결해 일부 직접 지원하는 방식을 검토해야 합니다.
지원 방식은, 학원·학습지원 비용의 일정 비율을 지원, 발달·학습지원과 사교육비 지원 연계, 정서·학업 스트레스 완화 지원을 함께 운용하는 것입니다. 사교육비 일부 직접 지원과 발달·정서·학습지원 복지를 결합한 체계가 양육비 부담을 실질적으로 완화할 수 있습니다.

시민이 주인되는 서울

— AI 행정혁신

6

대담자: '조란 맘다니' 뉴욕시장의 당선이 화제가 되고 있습니다. 뉴욕시 최초의 무슬림 시장이자 남아시아계 시장이며, 30대 젊은 나이라서 놀라운데요. 그의 당선이 시사하는 바가 무엇이며, 이와 관련해서 서울시에도 어떤 변화가 있어야 한다고 보십니까?

박홍근: 맘다니 시장 당선의 가장 큰 요인은 생활비 문제 해결과 같은 생활 밀착형 공약이 유권자들의 공감을 불러일으켰기 때문이 아닐까요? 이제는 단순히 성장과 개발 패러다임이 먹히지 않는 시대로 바뀌고 있기 때문이겠죠.

시민 사이에서 '나를 위해서 하는 거 아닌 것 같다. 나의 문제를 해결하지 못하는 것 같다.'라는 인식이 커지고 있죠. 행정이 시민에게 와닿지 않는 게 아닐까요? 그래서 뉴욕에서 예상치 못한 결과가 나온 것이고요. 시대의 흐름에 맞는 행정이 분명히 있을 것 같아요. 행정의 중심이 누구냐, 시민의 뜻이 제대로 반영되느냐, 시민이 정당하게 대접을 받느냐가 화두죠.

그렇다면 시민의 참여와 주권이 보장되는 행정을 어떻게 할 것이냐. AI 시대에 걸맞은 서울의 혁신과 변화는 어떻게 이끌어낼 것이냐고 요즘 가장 큰 고민이죠.

AI 행정혁신 왜 지금인가?

대담자: 행정에서도 AI가 역시 화두로군요. 자연스럽게 AI와 연계된 행정 변화 주제로 넘어가겠습니다. 왜 지금 서울은 AI 행정혁신이 필요한가요?

박홍근: 앞서 말한 맘다니의 '생활 밀착형 공약', 즉 '시민 생활 문제 해결' 가치에 비추어 볼 때, AI 행정은 이 가치를 실현하는 강력한 수단이 될 수 있습니다. 현재 서울은 ICT 인프라를 잘 갖췄다고 평가받습니다. 문제는 행정·산업·데이터·공간이 서로 다른 속도로 움직이고 있다는 것입니다. 이에 따라 행정 대응력 저하, 재난관리 한계, 전력·에너지 체계 비효율, AI 산업성장 지연, 청년창업의 사다리 붕괴가 발생하고 있습니다.

특히 다음 세 가지 한계가 치명적입니다.
첫째, '분산된 행정공간'으로 '위기 대응·데이터 통합이 불가능'합니다.
둘째, '규제 중심 행정'으로 '스타트업 실증과 상용화가 지연'되고 있습니다.
셋째, '산업·행정·기술 구조가 분리'되어 'AI 시대에 맞지 않는 도시 운영'이 되고 있습니다.
지금 서울이 선택해야 할 길은 단순한 디지털화가 아닌, 도시 전체를 AI 기반으로 다시 설계하는 '피지컬 AI 행정혁신'입니다.

AI 시대의 특징은 단절되고 분절된 것을 통합해서 보여주는 것이 아닐까요? 그것은 데이터와 큰 연관이 있지요. 사람은 여러 가지 데이터 — 시각적 데이터, 음성 데이터 등 — 를 한꺼번에 보는데 익숙하지 않습니다. 정책에서도 그렇고 시정에서도 그렇죠. 하지만 AI를 활용하면 그걸 한꺼번에 볼 수 있습니다. 그동안 못 봤던 것을 파악하는 것 자체가 힘입니다.
여기저기 흩어져 있는 데이터를 모으고, 관련 없어

보이는 데이터를 연결하면 새로운 세계가 보이죠. 데이터를 정제할 수 있는 것은 서울이라서 가능합니다. 인구 1천만에 가까운 시민들이 축적한 데이터양이 엄청나니까요.
그러면 재난관리, 창업 문제, 복지 문제 등 그동안 독립적으로 보이던 문제들이 사실은 별개의 문제가 아니라는 것을 알게 되죠. 알고 보니 하나고, 하나만 해결해서도 안 되는 것이라는 걸 알게 되죠.

대담자: AI를 제대로 하려면 데이터센터를 갖춰야 하잖아요. 그런데 AI는 엄청난 전력이 필요로 하는 분야로 알고 있습니다. 전력 인프라는 어떻게 갖출 생각이신지요?

박홍근: 맞는 말씀입니다. AI 산업은 '전기 먹는 하마'로도 비유됩니다. 그만큼 AI와 로봇 기반 스타트업은 '전력 접근'이 사업 성패를 좌우합니다. 서울은 다양한 전기공급 패키지를 제공하여 AI기업의 부담을 획기적으로 줄여야 합니다.

대담자: 대한민국 전체가 네트워크도 잘되고, 연결도 빨라서 내가 어디에 있든 그 차이를 느끼지 못하는 게 미래 도시라는 의견이 있습니다. 굳이 서울에 데이터센터를 지어야 하냐는 질문도 있고요. 그건 어떻게 생각하시나요? 또 AI 특구나 데이터센터가 하드웨어적인 것이라면 소프트웨어적인 것, 예를 들어, 앱을 개발했을 때 그것을 시험하고 적용할 방법은 어떤 것이 있나요?

박홍근: 기술·시장·행정은 따로 움직이는 게 아니라 하나로 연결된 것이라고 생각합니다. 이제 AI 시대에 진입했다는 것은 누구도 부인할 수 없는 현실입니다. 국가적으로도 AI 3대 강국을 목표로 하고 있습니다. 이러한 때에 중앙정부를 포함해서 지방정부도 그에 맞는 대안을 생각해야죠.

서울시 특성을 고려했을 때 경제·산업 영역에서 잘할 수 있는 게 과연 무엇이냐, 행정 영역에서 서울시는 지금의 강점을 활용해서 선도적으로 구현할 수 있는 게 무엇이냐. 이 둘을 생각해야 합니다.

경제·산업 영역에서 허브와 특구를 만들어서 새로운 경제 영역으로 묶어내자는 거죠. 특구가 생기면 아무

래도 일자리가 늘어나지 않겠습니까? 그것을 현실화 하는 데 필요한 한 축은 시장 영역, 민간 영역이에요. 그걸 지원하는 것이 관건입니다.

지금 서울시의 청년창업이 어려운 이유는 세 가지가 있습니다.

첫째, 실증이 불가합니다. 이런저런 규제 때문에 기술 테스트를 못 하고 있습니다.

둘째, 고전력 요구 기술이 부족합니다. AI 학습·로봇·자율주행 등을 시험할 수 있는 전기 인프라가 부족합니다.

셋째, 상용화 기간이 지연되고 있습니다. 행정절차상 어려움도 있고 공공데이터 접근도 쉽지 않습니다. 따라서 특구 내에 실증할 수 있는 체계를 마련하는 것이 필수적인 요소입니다.

행정 서비스의 획기적 변화

행정 영역에서는 행정 서비스의 질이 달라질 것입니다. 그뿐 아니라 행정업무의 생산성과 질을 높일 것입니다. 단순 반복 업무를 AI가 대체함으로써 공무원들은 창의적이고 정책 결정적인 업무에 집중할 수 있습니다.

민원 처리 속도가 더 빨라지겠죠. AI 기술로 더 빠르고, 정확하며, 개인 맞춤형 서비스를 제공할 수 있습니다. 이것은 단순히 콜센터 응답이 편해지는 수준이 아닙니다. 시민들에게도 혁신적인 변화로 와닿을 수 있죠.

인구 변화(고령화), 기후위기, 교통 혼잡 등 복잡하게 얽힌 도시 문제들은 대규모 데이터 분석과 AI 기반 예측 없이는 효과적인 해결이 어렵습니다. 특히 재난·안전은 지금 접목되고 있어요. 기후나 재난 예측부터 상황에 대한 빠른 판단과 대응 문제에 이르기까지 더욱 발전시켜야겠죠.

AI 인형 '효돌'이라는 게 있어요. 단순히 말하는 인형이 아니라 정서적 돌봄과 생활 지원을 함께하는 AI 인형입니다. 예를 들어, 머리를 쓰다듬으면 뭐라고 말해 주고, 어떨 때는 '지금 약 먹을 시간이에요. 지금 주무셔야 돼요.'라고 말해주는 말벗이자 반려 인형이죠. 전국적으로 어르신들에게 대여 형식으로 보급됐는데요. 나중에 대여가 끝나 회수하려고 했더니 우는 분들도 계셨다는 거예요. 인형에 감정 이입이 너무 된 거죠. 하나의 에피소드일 수 있는데, 나중에는 이런 AI 행정 서비스가 더욱 많은 분야에서 지원되지 않겠습니까?

빅데이터 수집과 데이터 표준화

대담자: 앞에서 말씀하셨듯이 AI의 품질은 결국 데이터양이 결정짓는 것 아니겠습니까? 이때 개인정보 수집이라는 예민한 부분이 있을 수도 있고요. 데이터 확보는 어떻게 하실 생각이신지요?

박홍근: 개인정보는 민감한 부분이라 조심스럽습니다. 다만 개인정보에 아주 까다로운 EU가 최근 개인정보 보호에 관한 규제를 연기하기로 했어요. AI에 뒤처지면 안 되니까. 우리나라도 조금은 너그러워질 듯합니다. 서울시 차원에서는 서울시가 갖고 있는 공공데이터 활용 방법이 핵심 문제겠지요.

박홍근

무인 자율주행차를 보면 중국은 어느 도시의 20%가 지금 그렇게 하고 있다는 얘기가 있습니다. 미국도 시범적으로 하고 있고요. 우리도 국회 안에서는 자율주행차를 운영하지만 조금 더 규제가 완화돼야 해요. 앞으로는 도심항공교통(UAM) 나올 거 아닙니까? 그런 것이 더 일상화될 것이 자명하죠.

그런데 AI 시대가 우리의 교통과 이동권에 어떤 변화를 가져오는지, 아직 잘 와닿지 않아요. 그런데 서울시에서 이런 교통 혁신이 제일 먼저 일어나지 않겠습니까? 서울시는 거기에 대비해서 기존 교통법규, 교통 서비스가 어떻게 바뀌어야 하는지 연구하고 대응책을 마련해야 합니다. 하지만 아직은 부족하죠.

정말 중요한 것은 데이터를 수집하고 목록화한 다음, 그것을 수요자 중심형 시스템으로 만들어야 한다는 겁니다. 시민이 몰라서 혜택을 못 받는 일은 없어야죠. 공공 영역에서는 차별 없는 서비스를 받아야 합니다.

국세청 국정감사 때 이런 일이 있었어요. 예전에는 세금 고지서를 보통 우편으로 보냈습니다. 최근에는

SNS 등으로 전자고지로도 받을 수 있고요. 제가 세금 고지를 동시에 두 개 다 하냐고 물었더니, 둘 중 하나만 하도록 한대요. 편한 방식으로 선택하는 거죠. 고지서를 종이로 받으면 왠지 무게감이 있어요. 그런데 요즘에는 우편물을 제대로 안 보는 경우도 많죠. 전자고지도 워낙 SNS로 메시지를 많이 주고받다 보니 놓치는 수가 많아요. 그래서 "두 개 다 하면 안 됩니까?" 했더니 "그럼 돈이 더 들어갑니다." 이렇게 답하더라고요.

AI 시대에도 고령층, 취약계층, 저소득층 이런 사람들은 공공 서비스를 차별 없이 제공받아야 하는데, 그렇지 못한 상황들이 발생할 수 있으니 서울시에서 어떻게 그것을 없앨 것이냐가 정말 중요한 문제거든요.

예를 들어, 사회에 막 진출한 구직자 20대가 '내가 받을 수 있는 복지 서비스가 뭐예요?'라고 물으면 맞춤형으로 답이 나와야 합니다. 70대 중반의 노인이 '내가 이런 병을 앓고 있는 사람이고 소득은 이런 정도이고 이런 경제적 환경이 있는데 어떤 보건의료 서비스를 받을 수 있죠?'라고 물으면 정리가 된 답이 나와야 하죠.

지금은 본인이 이것저것 알아보고, 여기저기 가보고, 이런저런 웹사이트 검색하잖아요. 데이터를 통합하면 훨씬 더 간편하면서도 수요자 맞춤형, 또는 생애주기별로 그 정보를 줄 수 있습니다.

그게 AI가 갖고 올 세상의 변화 중 하나입니다. 당연히 그런 변화를 서울시가 앞서서 이끌어야 하고요. 각 기관이 사용하는 서로 다른 데이터를 표준화하는 것이 우선이겠죠.

AI 행정혁신으로 시민이 더욱 주인되는 시정

대담자: 네트워크, 온라인이 발달하면서 시민들이 정책 참여도 쉬워지고, 투표나 여론 조사 방식으로 정책 결정에도 더욱 직접적으로 영향을 발휘하고 있습니다. AI 행정으로 이런 부분은 어떻게 지원해야 한다고 보십니까?

박홍근: AI행정이 되면 시민의 생각이 일상적이고 최대한 전면적으로 보장될 수 있습니다. 참여 예산제,

주민자치 활성화, 마을 사업, 사회연대 경제조직 지원…. 여러 분야를 지원해 나가야 합니다.

AI 챗봇, 메타버스 등 새로운 기술을 활용하여 시민들이 정책 수립 과정에 더 쉽게 참여하고, 다양한 의견을 수렴할 수 있지요. 그러한 흐름에 맞춰 서울 시정도 바뀌어야 합니다. 공무원 중심이 아닌 시민 중심으로요. 공무원은 시민을 지원하고 서비스하는 역할에만 충실하면 됩니다.

시민들이 서울에 대한 또는 자기 살고 있는 동네에 대한 주인의식을 갖게 하면서 자기의 생각과 자기 목소리가 반영되면서 시정과 구정이 이끌어가는 행정을 어떻게 빠르게 안착시킬 거냐가 새롭게 우리에게 요구되는 점이잖아요. 인천광역시 연수구 아파트의 주민 플랫폼이 좋은 예가 될 것 같습니다. 거기에 AI를 접목하면 좀 더 발전적인 방향으로 나아갈 수 있겠죠.

다만 주민자치회를 법이나 제도로서 보장해줘야 합니다. 시장 바뀌었다고, 구청장 바뀌었다고 기존 자치회가 없어지거나 축소되지 않도록요. 어떤 시장, 구청

신내제2동 주민자치회 환경안전분과

장이 와도 의무적으로 운영하게 해야죠. 그리고 주민 자치회를 통해서 자치 역량을 키우는 데 행정이 해야지, 지자체장이 진두지휘하거나 통솔해서는 안 됩니다. 주민이 자발적으로 참여하는 자치 역량을 키우면 그만큼 권한도 많이 주는 방향으로 가야 합니다.

그리고 지역사회의 사회연대경제, 즉 사회적기업이나 마을기업, 협동조합을 활성화해야 합니다. 돈을 많이 벌지는 않더라도 작은 일자리 창출이 되고 지역사회 공동체에 기여하는 바가 큰 곳들입니다. 법으로 제도화하는 것도 중요하지만, 시장이나 구청장이 적극적으로 키워줘야 됩니다.

또 하나는 직접민주주의를 어떻게 더 적극적으로 구현할 거냐 고민해야 합니다. 요새는 QR코드를 스캔하면 특정 설문조사 양식에 접속해서 얼마든지 자기 의견을 내세울 수 있잖아요. 의견에 대한 집계도 손쉽고요. 옛날처럼 시간도 비용도 들지 않습니다. 의지만 있다면 주민 다수의 생각이 어떤지를 금방 확인할 수 있습니다. 이제는 공무원이 결정하는 게 아니라 환경만 만들어주는 것이죠. 주민들이 직접 중요한 정책을 결정하는 방향으로 가는 게 옳습니다.
행정의 효율성을 꾀한다는 이름으로 소수의 집단이 속도 내서 할 일만은 아닙니다. 기술과 시스템을 활용하면 집단지성으로 훨씬 더 효율적이고 효과적인 행정을 할 수 있는 시대가 됐습니다.
수많은 사람이 주관식으로 답을 쓰면, 사람은 그것을 정리해서 결론 내리기 힘듭니다. 하지만 인공지능은 그게 가능합니다. 요약, 요점 정리, 내용 파악은 AI를 활용하면 손쉽게 할 수 있습니다.

대담자: 마지막으로 AI 행정에 의한 도시혁신을 가로막거나 극복해야 할 것들이 있다면 무엇인지 말씀해 주세요.

박홍근: AI 혁신을 가로막는 장벽은 세 가지입니다. 불필요한 규제, 불합리한 절차, 불확실성. 이 세 가지 장벽을 없애는 3불(3무) 정책을 실시해야 합니다. 불필요한 규제를 제거하고, 불합리한 절차를 축소하며, 불확실성을 없애는 것이지요. 청년창업, 스타트업,

AI 기업들의 시간·비용·규제 부담을 획기적으로 줄이는 핵심도구가 될 것입니다.